Eduard König

Die Originalität des neulich entdeckten hebräischen Sirachtextes

Textkritisch, exegetisch und sprachgeschichtlich untersucht

Eduard König

Die Originalität des neulich entdeckten hebräischen Sirachtextes
Textkritisch, exegetisch und sprachgeschichtlich untersucht

ISBN/EAN: 9783743604742

Hergestellt in Europa, USA, Kanada, Australien, Japan

Cover: Foto ©Lupo / pixelio.de

Eduard König

Die Originalität des neulich entdeckten hebräischen Sirachtextes

DIE ORIGINALITÄT

DES NEULICH ENTDECKTEN

HEBRÄISCHEN SIRACHTEXTES

TEXTKRITISCH, EXEGETISCH UND SPRACHGESCHICHTLICH
UNTERSUCHT

VON

ED. KÖNIG,

DR. PHIL. ET THEOL., ORDENTLICHER PROFESSOR DER THEOLOGIE.

FREIBURG I. B.
LEIPZIG UND **TÜBINGEN**
VERLAG VON J. C. B. MOHR (PAUL SIEBECK)
1899.

VORWORT.

Über die seit 1897 veröffentlichten hebräischen Sirachfragmente ist seit dem Juli 1899 ein wichtiger Streit ent-
brannt. Denn D. S. MARGOLIOUTH, Professor des Arabischen
in Oxford, veröffentlichte unter dem Titel „The Origin of
the „„Original Ecclesiasticus"" eine Broschüre, worin er
behauptete, jene Sirachfragmente enthielten nicht Teile des
Originals, sondern gehörten zu einer „Rückübersetzung",
die nach seiner Meinung im 11. Jahrhundert aus der syrischen Version des Sirachbuches und aus einer persischen
Version des griechischen Sirach hergestellt worden sein soll.

Der Unterzeichnete wurde von Dr. phil. et theol. JAMES
HASTINGS, dem Herausgeber der „Expository Times" auf-
gefordert, über diese Streitfrage sein Urteil abzugeben, und
erhielt mit höchst dankenswerter Bereitwilligkeit die Er-
laubnis, seine Beurteilung der Sache auch in deutscher
Sprache zu veröffentlichen. Zu diesem Zwecke hat er das
Material, das in den Monatsheften jener Zeitschrift in
etwa sechs Bruchstücken veröffentlicht wird, um etwa ein
Viertel vermehrt, indem er auch die inzwischen bis zum
Oktober d. J. erschienenen Fragmente schon vollständig berücksichtigt hat, und legt nun das Ganze in neuer, einheit-
licher Disposition vor. Einige Nachträge machten sich nur

deshalb nötig, weil auch noch zwei Artikel, die im Oktober und November in englischen Zeitschriften erschienen, beleuchtet werden sollten.

Indem ich Herrn G. MARGOLIOUTH, Custos am British Museum in London, auch hier bestens danke, dass er mir die Verwertung der Korrekturbogen seines Artikels über die von ihm entdeckten beiden Blätter gestattet hat, gebe ich nur noch der Hoffnung Ausdruck, dass es mir gelungen sein möge, den Status quo der Diskussion richtig darzustellen und etwas zur Lösung des Problems beizutragen.

Rostock, d. 15. Nov. 1899.

Ed. König.

Übersicht des Inhalts.

Einleitung.

Dass jener jerusalemische Weise, den man nach einem
seiner Vorfahren Ben Sira zu nennen pflegt, sein Buch —
vor 168 v. Chr. — in hebräischer Sprache geschrieben hat,
ist aus frühester Zeit bezeugt.[1] Denn schon der eigene
Enkel jenes Siraciden spricht im Vorwort der griechischen
Übersetzung, die er vom Werke seines Grossvaters lieferte,
von hebräischen Darstellungen (ἑβραϊστὶ λεγόμενα) und meint
dabei in erster Linie das Buch, das er selbst übersetzt hat.
Auch Hieronymus bemerkte in seiner Vorrede zu den
„Salomonischen" Schriften, dass er „Panaeretos Jesu filii
Sirach liber" in dessen hebräischer („hebraicum") Gestalt
gefunden habe, und in den jüdischen Kreisen war das Buch
mit höchster Wahrscheinlichkeit noch dem Saʒadia Gaon

---

[1] Der Verfasser nennt sich selbst in 50 27ᵇ des jüngst von
S. Schechter und C. Taylor herausgegebenen hebräischen Sirachtextes
„Simon, der Sohn Jesus', des Sohnes Eleazar's, des Sohnes Sira's."
In der griechischen Version, die ich nach Fritzsche's *Libri apocryphi
Veteris Testamenti* (1871) zitiere, steht dafür einerseits die abgekürzte
Benennung Ἰησοῦς υἱὸς Σιράχ (in manchen Handschriften wird auch
der Name Eleazar in verschiedener Form hinzugefügt) und andererseits
der Zusatz Ἱεροσολυμίτης. Die syrische Übersetzung, die ich nach
de Lagarde's Textausgabe der *Libri Veteris Testamenti apocryphi
syriace* (1861) gebe, sagt in 50 27: „Alles Sentenzen von Weisen, und
ich vereinigte sie als geschriebene in diesem Buche." Da ist also gar
kein Name erwähnt.

(† 942), wenn nicht noch weiterhin, bekannt.[1] Später aber blieben als Spuren des hebräischen Werkes jenes Siraciden nur noch eine Reihe von Aussprüchen übrig, die im Talmud und in andern rabbinischen Schriften verzeichnet sind.[2]

Indes seit dem Jahre 1896 wurden auf Manuskriptblättern, die ursprünglich der Genîza[3] einer Synagoge von Kairo angehörten und teils von Mrs. Lewis und Mrs. Gibson, teils durch Vermittelung von Professor A. H. Sayce nach Cambridge, Oxford und London gebracht wurden, nach und nach ziemlich ausgedehnte hebräische Texte des Ben Sira entdeckt. S. Schechter in Cambridge war es, dessen ausdauerndem Forscherfleisse es gelang, in einem Haufen von Manuskripten solche Handschriftenfragmente zu erkennen, die sich Teilen des aus den Übersetzungen bekannten Sirachbuches an die Seite stellen liessen. Erst in jüngster Zeit schloss sich an Schechter als zweiter glücklicher Entdecker G. Margoliouth an, indem er im britischen Museum zwei Blätter mit hebräischem Sirachtexte fand, wie in den Times am 4. April 1899 gemeldet wurde.

Die neugefundenen hebräischen Sprachtexte wurden nach der zeitlichen Folge ihrer Entdeckung in folgenden Werken veröffentlicht: Cap. 39 15—49 11 erschienen 1897 zunächst in *The Original Hebrew of a portion of Ecclesiasticus,* edited by A. E. Cowley and Ad. Neubauer (Cambridge, at the Clarendon Press), sodann in *Das hebräische Fragment der Weisheit des Jesus Sirach,* herausgegeben von Rud. Smend 1897 (zuerst in den Abhandlungen der königlichen Gesellschaft der Wissenschaften zu Göttingen, Philologisch-histo-

---

[1] Siehe das Nähere hauptsächlich bei A. E. Cowley and Ad. Neubauer, the Original Hebrew of a portion of Ecclesiasticus (1897), p. XI.

[2] Sie werden von mir nach den Nummern der Sammlung zitiert, die man in dem soeben erwähnten Werke von Cowley und Neubauer p. XIX—XXX findet.

[3] Über den Namen Genîza und über deren Bedeutung vgl. man meine „Einleitung in die apokryphischen und pseudepigraphischen Schriften des Alten Testaments" § 5, 3.

rische Klasse, Neue Folge, Bd. 2, Nr. 2 und sodann auch
in Separatabdruck) und in *L'Ecclésiastique* ou la sagesse de
Jésus, fils de Sira, texte original hébreu, édité, traduit et
commenté par ISRAEL LÉVI (Paris bei Ernest Leroux 1898).
Indirekt wird der hebräische Text von 39 15—49 11 auch
dargeboten von A. SCHLATTER in *Das neugefundene hebräische
Stück des Sirach* (in den „Beiträgen zur Förderung christ-
licher Theologie" und auch separat erschienen 1897). — Sodann 3 6 ex.—7 29 in., 11 34 ex., 12 2—16 26, 30 11—31 11, 32 1—33 3,
35 9—36 18, 37 27—38 27, 49 12—51 30 wurden jetzt 1899 veröffentlicht in *The Wisdom of Ben Sira,* portions of the book
of Ecclesiasticus, edited by S. Schechter and C. Taylor. —
Endlich die beiden Blätter, welche in diesem Jahre von
G. MARGOLIOUTH (Bibliothekar am British Museum in
London) mit Teilen des Sirachbuches identifiziert wurden,
umfassen 31 12 ff. und 36 19—37 26 und werden, wie ihr Entdecker mir am 21. Sept. mitteilte, nächstens in der Zeitschrift
„Jewish Quarterly Review" veröffentlicht werden, aber ich
durfte schon die Korrekturbogen dieser Publikation verwerten.

Die im Jahre 1897 veröffentlichten Teile des hebräischen
Sirachbuches wurden von vielen Gelehrten als der Originaltext des Ben Sira bezeichnet und als solcher auch von
V. RYSSEL in seiner gediegenen Bearbeitung des Sirachbuches [1] der Übersetzung von 39 15—49 11 zu Grunde gelegt. Aber im Juni des laufenden Jahres veröffentlichte
D. S. MARGOLIOUTH (Professor des Arabischen in Oxford)
eine Broschüre unter dem Titel *The Origin of the „Original
Hebrew" of Ecclesiasticus.* Darin suchte er die Behauptung
zu begründen, dass zunächst die bis dahin veröffentlichten
Teile des neugefundenen hebräischen Sirachtextes (39 15—
49 11) eine Rückübersetzung enthielten, die im elften Jahr-

---

[1] Sie bildet einen Teil des noch im Erscheinen begriffenen Werkes
„Die Apokryphen und Pseudepigraphen des Alten Testaments, in
Verbindung mit vielen Gelehrten übersetzt und herausgegeben von
E. KAUTZSCH" (Freiburg bei J. C. B. Mohr).

hundert aus der syrischen Version des Sirach und aus einer persischen Version des griechischen Sirach hergestellt worden sei (p. 19). In einem Artikel, der dann in der August-Nr. der Expository Times, p. 528 erschien, dehnte MARGOLIOUTH jene Behauptung auch auf die kurz vorher von SCHECHTER und TAYLOR veröffentlichten neuen Fragmente (3 6—7 26 etc.— 51 30) aus und hielt seine These auch in der September-Nr. der Expository Times (p. 567) aufrecht.

Deshalb ist die Frage, wie es mit der Ursprünglichkeit der neugefundenen hebräischen Sirachtexte steht, ein Problem von aktuellstem Interesse geworden, und zur Lösung dieser brennenden Frage wollen die nachfolgenden Blätter einen Beitrag geben.

In dieser Untersuchung wird der neuentdeckte hebräische Sirachtext mit H, die griechische, syrische und lateinische Gestalt der Schrift Ben Sira's mit G, bzw. S und VL bezeichnet werden.[1] Die andern bis jetzt hier erwähnten. Schriften sollen einfach mit dem Namen ihrer Verfasser zitiert werden.

I.

Die Quellenauktorität der zu vergleichenden Texte.

Soll die folgende Untersuchung einen gesicherten Ausgangspunkt besitzen und methodisch vorwärts schreiten können, so ist es unumgänglich, die Texte, deren genetische Beziehung festzustellen ist, zuerst unter dem quellenkritischen

---

[1] Denn bei dem Sirachbuche unterscheidet sich zwar nicht Vetus Latina und Vulgata, weil die altlateinische Übersetzung dieses Buches nicht von Hieronymus verändert worden ist. Aber das Zeichen VL, dessen V zugleich auf Vetus und zugleich auf Vulgata bezogen werden kann, soll doch deshalb gewählt werden, weil neuerdings auch ein Fragment einer andern alten lateinischen Übersetzung des Sirachbuches gefunden worden ist, die vielleicht im VIII. oder IX. Jahrhundert entstand. Vgl. darüber DOUAIS, *Une ancienne version latine de l'Ecclésiastique* (Paris 1895) und H. HERKENNE, *De Veteris Latinae Ecclesiastici capitibus* I—XLIII (1899), p. 7. 17 f.

Gesichtspunkt zu betrachten. Denn es fragt sich, ob und in welchem Grade diese Texte wegen ihrer eigenen Beschaffenheit oder aus andern Gründen die Auktorität von zuverlässigen Quellen und Zeugen verdienen. Wir fassen deshalb

1. den Text von H unter dem quellenkritischen Gesichtspunkt ins Auge.

Hängt nun, wie bei allen litterarischen Quellen, so auch bei dem Texte von H die Auktorität von seiner innerlichen Zusammenstimmung und Fehlerlosigkeit ab, so kommen diese beiden Eigenschaften den neugefundenen hebräischen Sirachtexten nur in einem sehr relativen Masse zu.

Denn zunächst die Einheitlichkeit ist beim Texte von H aus folgenden Gründen keine ganz vollkommene.

Sie wird schon durch einige äusserliche Verschiedenheiten der neuentdeckten hebräischen Sirachtexte gestört.

Denn erstens hat man bei der Reproduktion von H zwischen nicht-stichischer und stichischer Schreibweise geschwankt. Jene findet man in der Handschrift, aus welcher die oben S. 3 aufgezählten Teile von Cap. 3—16 veröffentlicht worden sind und welche im Anschluss an Schechter und Taylor mit dem Buchstaben A bezeichnet werden soll. In dieser Handschrift sind, wie im hebräischen Texte der Genesis etc., die Zeilen voll beschrieben. Aber eine andere Handschrift, welcher die bis jetzt veröffentlichten Teile von 30 11—51 30 und auch die beiden von G. Margoliouth ganz neuerdings gefundenen Blätter angehören, ist mit neben einander gesetzten Stichoi geschrieben.

Ebenso nur äusserlich ist der Umstand, dass die beiden Handschriften in verschiedenem Grade mit Punktation versehen wurden. Vgl. in Handschrift A גדולת 3 18a, אל etc. 18b, 24a, 4 2a b, 21a, 29b, 6 5a, 11a, 22b, 7 23b, 12 13a, 13 2c, 6a, 8b, 9a, 14 9a, 11a, 16a, 26a, 15 10a, 19b, 16 5b, 18b. Dagegen der Text von Handschrift B zeigt Punktation nur in לן etc.

30 20b, 38 1 26b, 39 15c, 40 9a, 10a, abgesehen von יְיָ 26c.[2]
Dazu kommen noch die beiden senkrecht über einander
stehenden Punkte, die man über וארח (42 3a: „und Reise-
gefährte") und וחֹקר (18a: „und erforschend") sieht. Diese
sind mit SMEND, p. 5 für das Cholem-Zeichen der sogenannten
babylonischen Punktation zu halten. Denn allerdings bei
jenen beiden Wörtern könnte, da sie am Ende eines Stichos
stehen, auch an den Trenner Zaqeph qaṭon gedacht werden.
Aber erstens wäre dann Athnach zu erwarten, weil dieses
Interpunktionszeichen den nächsten Gegensatz des allemal
hinter zwei Stichen stehenden Soph pasuq bilden würde.
Sodann würde diese Erklärung auch nicht auf die beiden
Punkte der Randbemerkung הֹהֹם 38 17a passen, denn dieses
Wort bildet nicht den Schluss des betreffenden Stichos.
Bei dieser Form mag an das Niqṭal von הום gedacht sein
(vgl. תֻּהֹם 1 S 4 5 etc.). Übrigens ist also supralineare und
infralineare Punktation in der Handschrift B vereinigt.
Man findet aber eine Verknüpfung von Elementen der beiden
erwähnten Punktationssysteme auch anderwärts. Denn es giebt
Handschriften, in denen die supralineare Punktation herrscht,
aber doch der heilige Gottesname יהוה mit dem Qameṣzeichen
der infralinearen Punktation geschrieben ist (יְהוָה), und in
manchen Handschriften aus Jemen ist der hebräische Text
mit der infralinearen Punktation ausgestattet, und besitzt nur
das mit ihm verbundene Targum die supralineare Punktation.[3]

Auch Differenzen der Orthographie werden bei Vergleichung der beiden Handschriften beobachtet. Denn in
der Handschrift A ist die Verwendung der Vokalbuch-

---

[1] Nicht „33", wie bei SCHECHTER, p. 11, Anm. 3 steht. Cf. אֶשָּׁה
36 23b und לאִשָּׁך am Rande von 37 10b bei G. MARGOLIOUTH.

[2] Überdies in der Handschrift A ist יהוה immer durch יְֽי, aber
in der Handschrift B durch ייי ersetzt.

[3] Vgl. W. WICKES, A treatise on the accentuation of the twenty-
one so-called Prose books of the Old Testament (Oxford 1887), Ap-
pendix II: on the superlinear [so-called Babylonian] system of
accentuation, p. 143 ff., 146.

staben nicht ganz so häufig, wie in der andern Handschrift. Denn langes *e* ist z. B. in רע (= *rēs̆ᵃ* 14 14c) und
in תמה (= תֵּימָהּ „Wunder" 16 11b)[1] nicht angezeigt. Langes
i entbehrt des Vokalbuchstabens י in תערם 6 32b (cf. יערם
Pv 15 5b, 19 25). Langes *o* ist nicht durch ו vertreten in
der Endsilbe von גדולת 3 18a, wo גְּדֻלַּת gemeint sein könnte,
wo aber *gedôlôth* durch eine beigefügte Punktation gefordert
ist, ferner in עון 3 27b, 5 5b, אהביה etc. 4 12a, 13a, השיע
(= הושיע) 13 6, עקבת (= *s̆iqqᵉbôth*) 13 26a, תעבה 15 13a, בגדים
16 4b. Allerdings fehlen Beispiele von scriptio defectiva
auch nicht in den Teilen der Handschrift B, die jetzt veröffentlicht sind (cf. מוקשת = *môqᵉs̆ôth* 30 20b, לעינהם 36 4a),
aber ich habe den Eindruck, dass die Vokalbuchstaben in
dem letzteren Manuskript und hauptsächlich gegen Ende
desselben in einem höheren Grade herrschen.

In gewichtigerer und völlig durchschlagender Weise wird
die innere Zusammenstimmung von H durch das Zeugnis
mehrerer Randbemerkungen der Handschrift B bestritten.

Denn es beweist direkt, dass die Handschriften des
hebräischen Textes sich in quantitativer Hinsicht von
einander unterschieden. Dies ergiebt sich aus folgenden
zwei Marginalnoten, die in persischer Sprache bei 32 1 und
35 20 stehen. Jene erstere nämlich lautet bei ganz buch-
stäblicher Übersetzung: „Dies (این) nicht bei jenem (آن)
Verse steht (ایست) in Ausgabe[2] anderer (دیگر)." Der
Sinn dieser Anmerkung ist hinreichend klar, wenn auch
hinter نی (nicht) ein kleiner Zwischenraum sich zeigt. Ferner
am Rande von 35 20 liest man: „Dieser Vers (ist) von oder

---

[1] So steht תימה z. B. im Targum von Jr 5 30 und in ומן התימה וג':
und es gehört zum Wunder = es ist wunderbar (Qimchi bei Erklärung
von קדושים נאמן Hos 12 1).

[2] Das dort stehende נוסבהא (= نسخها) ist das ins Persische
hinübergenommene Wort *noscha*, das von נסח „herausreissen, fort-
tragen" kommt und oft (z. B. in Hahn's Biblia hebraica bei Gn 25 15)
in der Randbemerkung בס"א, d. h. in andern Exemplaren oder Aus-
gaben, gebraucht wird.

aus (اَزْ bezeichnet beides) andern Exemplaren (oder Aus-
gaben), und hier aus- (زَ, *za*) gelassen[1] war (بُود) und geschrieben." Aus diesen beiden Randnoten ergiebt sich
soviel mit Sicherheit, dass in ihnen eine quantitative
Differenz von Kopien des Sirachtextes ausgesprochen ist.
Dass aber die andern Exemplare, auf die in diesen
Randbemerkungen hingeblickt ist, den hebräischen Text
enthielten, ist nicht nur an sich höchst wahrscheinlich,
sondern wird durch eine dritte Randnote so gut wie sicher.
Nämlich neben 45 8 liest man in persischer Sprache: „Dieses
Exemplar bis (تُ) hierher war, d. h. ging", und bei demselben Verse 45 8 hören die Randbemerkungen, welche bis
dahin die Handschrift B in dichtestem Chore begleitet
haben, plötzlich — bis 51 30 — auf, nur dass noch bei 47 8f.
am Rande etwas notiert ist. Hieraus folgt, dass die Lesarten, welche bis 45 8 an den Rand gesetzt wurden, aus der
Vergleichung der Handschrift geschöpft waren, die bis zu
diesem Verse reichte und — nach aller Wahrscheinlichkeit —
eine Handschrift des hebräischen Sirachtextes war. Denn
sonst würde nicht einfach auf „dieses Exemplar" hingewiesen
und die Meinung erregt sein, dass die bis dahin an den
Rand geschriebenen Lesarten eben in „diesem Exemplar",
das „bis dahin ging", gestanden haben. Die letzterwähnte
Randbemerkung lehrt also indirekt, dass die Handschriften
des hebräischen Sirach auch in qualitativer Hinsicht von
einander abwichen. So ist bestätigt worden, was schon früher
sowohl aus der inneren Differenz der Quellen von G als auch
aus der Differenz von G, S und VL vermutet wurde, dass
verschiedene Recensionen des hebräischen Sirach existierten.[2]
Dieses Urteil fällt auch G. MARGOLIOUTH, p. 2. 22. 24.

---

[1] Deutlich steht dort eine Form von هِشْتَن „lassen, loslassen",
nur dass das هـ (*h*), die Endung des Participium Perfecti im Persischen,
fehlt, die beim parallelen نِبِشْتَه „geschrieben" (von نِبِشْتَن, ge-
wöhnlicher: نُوِشْتَن „schreiben") steht.

[2] HERKENNE, De Veteris Latinae etc. 1899, p. 5 zieht aus den

Muss aber Nichteinheitlichkeit der Strömungen eines überlieferten Textes unbedingt dessen Fehlerhaftigkeit im Gefolge haben? Kann nicht das Ohr der Überlieferer des betreffenden Textes aus den disharmonischen Klängen den richtigen Ton herauszuhören gewusst und fixirt haben? Darauf zielen in der That viele Erscheinungen hin, die auf den Blättern von H beobachtet werden.

Denn zunächst die Handschrift A besitzt allerdings nur wenige Randbemerkungen, nämlich bei 3 14, 12 14, 14 16d, 18c, 15 3b, 16 13.[1] Aber dieses Manuskript ist innerhalb des Raumes der Seiten selbst nicht selten korrigiert, wie man הא mit darüber gesetztem ו als einem Hinweis auf das beabsichtigte הוא findet etc. 6 11a, 12 13ab, 13 2ac, 11c, 22b, 14 9a, 16c, 23a, 15 9, 14. 16 15b, 18b, 22a, 23b. Indes sind denn in diesen Korrekturen alle Fehler dieser Handschrift A beseitigt?

Man wird nicht zögern, diese Frage mit Nein zu beantworten, wenn ich folgende unkorrigierte Lesarten vorführe: In 4 2a bietet die Handschrift דוןה. Darin ist zunächst das ו unrichtig verdoppelt.[2] Die Form דוח kann aber nicht

---

Verschiedenheiten des griechischen und syrischen Sirach folgenden Schluss: „Ex omnibus subicitur coniectura iam antiquitus varias textus hebraici adfuisse recensiones vel formas." Ähnlich spricht sich R(yssel) im Literarischen Centralblatt 1899, col. 1218 aus, und Schechter p. 11 meint beobachtet zu haben, „that MS. A shows a closer agreement with the Syriac than MS. B. Whilst the latter in many cases corresponds with the Greek as against the Syriac we have very few instances of this kind in MS. A, which fact points to various classes of manuscripts existing in Hebrew itself."

[1] Auch das Zeichen ∴, das am Rande von 4 26f., 6 10f., 7 1, 3, 13 22f., 14 15f. steht, scheint auf vermutete Irrtümer des Textes hinzuweisen (Schechter, p. 9, note 10).

[2] Dieser Irrtum kann wirklich durch die darunter gesetzten drei Punkte angezeigt sein, wie Schechter, p. 9, note 10 stark („strongly") vermutet. Denn neben jenem דוןה stehen am Rande jene drei Punkte ∴, die in der vorigen Anmerkung erwähnt sind. Ferner können die unter דוןה gelesenen drei Punkte das Segol auch nicht bei dem andern Worte, wo sie auftauchen, nämlich ותין 14 16a, anzeigen, weil תן „gieb!" nur

ein passives Partizip הוּח enthalten, weil נפש חסירה (eine
unbefriedigte Seele) folgt. Vielmehr liegt eine Verwechs-
lung von ר und ד vor, wie diese beiden Buchstaben auch
im Alten Testament oft vertauscht sind (Okhla we-okhla,
Nr. 123 f.), und wie diese Vertauschung auch in Sir 7 20a
(תדע statt תרע) und 14 11a sich zeigt. In 14 2a finde ich,
dass חסרתו zu 2b passt, und dass diese Form also von G
unrichtig als חסדתו gelesen wurde. SCHECHTER und TAYLOR
urteilen umgedreht über den letzterwähnten Fall. Aber sie
haben scharfsinnig eine grosse Menge von falschen Lesarten
der Handschrift A entdeckt, und ich füge nur einige Zu-
sätze hinzu: בלשוניך 4 29a ist von SCHECHTER in seinen „Notes
on the text" nicht berührt, aber von TAYLOR richtig mit
„with thy tongue" wiedergegeben worden (vgl. dasselbe
falsche י in שבתיך 36 13b). Sodann zeigt sich in der mehr-
maligen Ersetzung von mî (מי) durch mâ (מה) 5 4a, 6 36a,
12 13a, wo in der Handschrift selbst ein י über das מה gesetzt ist, nicht ein Einfluss der Lautähnlichkeit des aramäischen man „wer?" und mân „was?", wie in יוד יד „Hand"
5 13a ein Bewusstsein von der Synonymität des Buchstaben-
namens יוד mit יד? — Das in 6 30a dem G vorliegende עדי
(κόσμος!) wurde in עלי verschrieben durch Einwirkung des
darauffolgenden עולה. — Ferner in ובמצותו והגה 6 37b ist
nicht תהגה mit Schechter zu vermuten, sondern Dittographie
des ו anzunehmen und also der Imperativ הגה zu lesen. War
statt רובה לחש 12 18b nicht רוב הלחש beabsichtigt? — Indem
עין für עון 14 10a gemeint war, findet sich also Erwähnung
des רע עין, des mit dem sogenannten bösen Blick Behafteten,
wie auch bei G. MARGOLIOUTH 31 14 (vgl. 1 S 18 9, Pv 23 6, 28 22).
    Ferner wie schlecht der Zustand der Handschrift B
ist, aus der jetzt Teile von 30 11—51 30 herausgegeben wurden,

---

vor vornbetontem Worte mit ĕ gesprochen wurde, und ein solches
Wort hier nicht folgt. Also wird man annehmen müssen, dass die
gegenseitige Stellung der drei Punkte, die gleich dem Ὀβελός (Spiess)
als Tilgungsmittel verwendet wurden, für gleichgiltig angesehen wurde.

zeigen die vielen Randbemerkungen, von denen der Text
eingerahmt ist. Aber trotz ihrer Menge geben sie nicht
die Verbesserung aller Irrtümer des Textes B.

Der erste Irrtum, welcher zurückblieb, steckt in תוחה
32 17b. Schon SCHECHTER will dafür תורה oder תוכחה eingesetzt haben, und in der That konnte dieses letztere Wort,
bei der lautlichen Ähnlichkeit des spirierten כ und des ה,[1]
sich leicht zu תוחה kontrahieren. Weiterhin שב ist in 33 1b
am Rande in ושב verändert, aber ich vermute, dass hinter
ניסוי mindestens ein י, wenn nicht, worauf S (ܡܣܦܐܠܣ ܝ)
hindeuten könnte, ein יו übersehen wurde, und dass also
(ו)נמלט (ו)ישוב gemeint war. Sodann כעת 35 20b ist gut von
TAYLOR in כעגג verbessert worden. Ferner תועיל ו' 38 21b
meinte תועילו ו' (vgl. ו am Imperfect in ירדפו etc. Hos 8 3 etc.).

Besonders interessant ist die Prüfung des Abschnittes
der Handschrift B, an dessen Rändern es, abgesehen von
47 8 f., keine Bemerkungen giebt, weil die mit B verglichene
Handschrift nur bis 45 8 reichte, wie die dort stehende
persische Randnote sagt: „Dieses Exemplar ging bis hierher." Übrigens zeigt sich diese Abwesenheit von Randbemerkungen in dieser Handschrift B auch in dem erst jetzt
durch SCHECHTER und TAYLOR veröffentlichten Teile 49 12—
51 30! — In diesem Abschnitt 45 9 ff. findet sich לכם statt
לכן 46 8a; (?) משואל statt מושאל 13b); משפט statt מקדש 47 10d;
גברא statt נבא 48 13b; כנחשת statt בנחשת 17c; wahrscheinlich
נחל statt נחלה 49 2a und ביד י' statt בימי י' 6c. Mein Urteil
über diese Stellen stimmt mit dem von COWLEY und NEU-
BAUER überein, und ihre Verbesserungen von H werden in
allen zitierten Stellen, ausser der letzten, auch von SMEND
ohne Widerspruch registriert. Dazu kommt in dem jetzt
von SCHECHTER und TAYLOR edierten Teile der Handschrift B

---

[1] Vgl. darüber in meinem Historisch-kritischen Lehrgebäude des
Hebräischen, Bd. 1, S. 37f. und 2, S. 366, Anm. 1; 504, Anm. und bei
WRIGHT, Comparative grammar of the Semitic languages, p. 100 die
Zusammenstellung von شكد mit שחד, ܣܡܐܐ, etc.

zunächst noch 50 1c. Dort bewirkte Haplographie, dass wir das artikellose היכל als Parallele von הבית lesen. ההיכל war beabsichtigt.

Die Mangelhaftigkeit der Überlieferung von H ergiebt sich deutlich auch aus dem Zustand von 51 13—29. Denn dieser Abschnitt enthält hinreichend sichere Spuren davon, dass er ein alphabetisches Akrostichon bilden sollte. Denn er beginnt mit אני, setzt sich im nächsten Stichenpaare mit באמתה („in Treue gegen sie", die Weisheit) fort, zeigt an der entsprechenden Stelle des Alphabets die Zeilenanfänge חשקה, ידי, מעי, נתן, während in der nächsten Zeile סכלים wenigstens das dritte Wort bildet und leicht am Anfang gestanden haben kann, ferner עד, פי, צואריכם(ו), קרובה, שמעו ראו als zweites, also wahrscheinlich versetztes Wort, תשמח. Da wird man wohl ruhig sagen können, dass die von G. BICKELL in der Zeitschrift für katholische Theologie 1882, p. 326 ff. ausgesprochene Vermutung, Sir 51 13 ff. sei ein alphabetisches Akrostichon gewesen, sich bestätigt hat. Zugleich aber wird man zugeben müssen, dass auch dieser Abschnitt 51 13—29 in mehrfach lückenhafter und sonst verderbter Gestalt überliefert worden ist.

Aus alle dem ergiebt sich, dass die Quellenauktorität des H keine absolute ist. Aber betreffs der Tragweite dieses Ergebnisses drängen sich sofort zwei Sätze auf. Der eine enthält eine Folgerung, der andere eine Einschränkung. Die Folgerung ist diese, dass dem Texte von H kein Unrecht geschieht, wenn auch an andern Stellen, als den bisher erwähnten, die Annahme gemacht wird, dass der Wortlaut von H eine Verderbnis erlitten habe. Die Einschränkung der Tragweite jenes Ergebnisses ist aber diese, dass die wesentliche Originalität von H wohl begründet sein kann, wenn auch an einzelnen Stellen seine Worte einen sekundären Charakter tragen.

2. Die Quellenauktorität von G, S etc.

Die Zeugenauktorität der griechischen, syrischen und

andern Gestalten des Sirachbuches braucht hier nicht durch
eine ähnliche textgeschichtliche Erörterung festgestellt zu
werden, wie sie in Bezug auf H unternommen werden musste.
Denn die Beschaffenheit der griechischen, syrischen und
andern Versionen des Sirachbuches ist schon oft und in
neuester Zeit auf die trefflichste Weise von Ryssel in
Kautzsch's Apokryphen des Alten Testaments, p. 242—254
charakterisiert worden. Auch er hat abermals gezeigt, dass
„uns nicht mehr der ursprüngliche Text von G, sondern
nur eine vielfach korrumpierte und durch Glossen über-
wucherte Textgestalt" (p. 244) vorliegt. Besonders sind
auch die Textveränderungen zu beachten, über die Schlatter
im zweiten Teile seiner oben erwähnten Schrift (p. 103—191)
unter dem Titel „der Glossator des griechischen Sirach und
seine Stellung in der Geschichte der jüdischen Theologie"
in grundlegender Weise gehandelt hat. — Auch S leidet
„an vielen innersyrischen Verderbnissen" (Ryssel, p. 252).[1] —
Der Zustand und die textgeschichtlichen Beziehungen von
VL sind vor kurzem von H. Herkenne in De Veteris Latinae
Ecclesiastici capitibus I—XLIII in eingehendster Weise
besprochen worden.

Vielmehr soll hier nur die spezielle Frage aufgeworfen
werden, ob dann, wenn ein Element des G als ächt anzusehen ist und demnach auf den Siracidenenkel zurückgeht,
diesem absolute Auktorität, die Originalworte Ben Sira's zu
erweisen, zugesprochen werden kann.

Einzelne Äusserungen, welche über die Beschaffenheit
des G in den neuesten hierher gehörigen Schriften gethan
worden sind, streifen an jene Frage, oder bereiten ihre
Beantwortung vor. So sprechen Cowley und Neubauer,
p. XIV von „the translator's tendency to paraphrase."

---

[1] Über das Verhältnis von G und S sowie ihre Beschaffenheit vgl.
hauptsächlich auch Eb. Nestle, Marginalien und Materialien (1893),
p. 48—59.

TAYLOR, p. VIII erinnert sehr richtig daran, dass der Siracidenenkel nach seinem eigenen Prolog das Bewusstsein besass, dass die griechische Gestalt der Worte seines Grossvaters ebenso wenig, wie andere griechische Übersetzungen hebräischer Schriften, dem hebräischen Original gleichkomme[1], und dass der Enkel Ben Sira's den Zeitraum betonte, den er auf dieses Übersetzungswerk verwendete. Auch dieses Letztere scheint mir TAYLOR richtig hervorgehoben zu haben. Denn weshalb würde der Siracidenenkel die Worte ἐν τῷ διαστήματι τοῦ χρόνου eingeflochten haben, wenn er nicht hätte sagen wollen, dass er einen bestimmten und — nach natürlicher Auffassung — beschränkten Zeitraum auf die Übersetzungsarbeit verwenden konnte? — Sodann LÉVI (p. XXIII) fügt die Beobachtung hinzu, dass Ben Sira's Enkel hauptsächlich in Bezug auf die älteren Elemente des⟍ Hebräischen irre gehe, aber „quant aux néologismes, il les comprend toujours". Endlich J. HALÉVY erinnert in seiner Étude sur la partie du texte Hébreu de l'Ecclésiastique récemment découverte (Paris 1897), p. 63 daran, dass der Übersetzer durch einen längeren Zeitraum von der Entstehung des übersetzten Buches getrennt gewesen sei. Dariu ist ein beachtenswerter Kern, wenn ich auch nicht mit HALÉVY meine, dass der Autor des Sirachbuches schon kurz nach 300 v. Chr. geschrieben habe, sondern das Ursprungsdatum des Sirachbuches kurz vor 180 ansetze.

Indes die Frage, welche oben p. 13 betreffs der Zeugen-

---

[1] Der Enkel Ben Sira's sagt zu seinen Lesern, wenn ich mir wegen der Schwierigkeit der Worte eine ganz buchstäbliche Übersetzung erlauben darf: „Ihr seid nun gebeten, mit Wohlwollen und Aufmerksamkeit die Lektüre [dieser Übersetzung] zu treiben und Verzeihung zu gewähren bei den Punkten, bei denen wir, trotz der Bemühungen um die Deutung, euch scheinen werden, manchen von den Ausdrucksweisen nicht gerecht geworden zu sein. Denn nicht hat es, was an sich auf hebräisch gesagt wird, gleichen Sinn auch dann noch, wenn es in eine andere Sprache übertragen wird."

auktorität des Siracidenenkels formuliert wurde und welche
die eigentlich entscheidende sein dürfte, ist auch von den
soeben angeführten Gelehrten weder gestellt noch be-
antwortet worden. Ich will sie nun nicht bloss aufgeworfen
haben, sondern mache auch einen Versuch, sie zu beantworten. Ich denke, dass man jene spezielle Frage auf eine
allgemeinere zurückführen kann, und diese lautet: Ist es
etwa der Fall, dass die Zeitgenossen, oder die Verwandten
eines Schriftstellers das zweifellos richtige Verständnis aller
zweifelhaften Stellen seiner Bücher besitzen? Z. B. in
Schillers Gedichten giebt es mehr als eine Stelle, die ver-
schieden konstruiert werden kann. Würde ein Sohn oder
Enkel Schillers in jedem Falle gewusst haben, welches die
richtige Deutung einer Stelle ist? Dies ist nicht vorauszu-
setzen, und wir dürfen nicht annehmen, dass der Enkel
Ben Sira's von dieser allgemeinen Regel eine Ausnahme
machte. Folglich können seine Worte, selbst wenn sie als
unbedingt authentisch angesehen werden dürfen, nicht die
absolute Entscheidung über das richtige Verständnis der
Worte Ben Sira's, also eventuell der Worte von H, beanspruchen. Demnach muss auch der Versuch, aus den
Worten von G den Originaltext des Sirachbuches zu kon-
struieren und ihn gegen H in die Schranken zu rufen, grossen
Schwierigkeiten und Bedenken unterliegen.

Es soll dies hier nicht durch Beispiele illustriert werden,
weil es im weiteren Fortgang dieser Untersuchung genugsam
zur praktischen Geltung gelangen wird. Andererseits wäre
es methodisch nicht ratsam gewesen, die weitere Untersuchung einer allgemeinen Basis entbehren zu lassen.

II.

Inhaltlich-formelle Beziehungen von H, G, S etc.

In der vorhergehenden Untersuchung ist eine Perspektive von dem gegenwärtigen Zustand der einzelnen zu vergleichenden Texte auf deren ursprüngliche Beschaffenheit eröffnet worden, damit man nicht meine, nach den Einzelzügen des gegenwärtigen Bildes jedes Textes den Zeichner seines Urbildes erraten zu können. Nun aber gilt es, die von den äusserlichsten Flecken gereinigten Bilder mit einander zu vergleichen, um womöglich solche Spuren zu entdecken, aus denen sich die gegenseitige Anciennität der Bilder bestimmen lässt. Bei diesem Bestreben liegt es nahe, die Texte zuerst unter dem quantitativen Gesichtspunkt zu betrachten, obgleich bei diesen Vergleichsobjekten die Grösse des Volumens nicht einfach in geradem Verhältnis zur Anciennität steht.

1. Das quantitative Verhältnis von H, G, S etc. Dieser Gesichtspunkt ist bei Cowley und Neubauer nur mit folgenden Sätzen berührt worden: „The H omits whole clauses which are to be found both in the Greek and in the Syriac. Certain clauses, again, are to be found in H, which are wanting in both versions" (p. XII). Auch bei Schechter und Taylor findet sich ein Hinweis auf die quantitativen Wechselbeziehungen von H zu G etc., insofern die unnumerierten Verse von H mit den betreffenden Versen der englischen Bibel parallelisiert wurden (p. 3f.), die natürlich im wesentlichen sich mit dem Bestand des griechischen Textes deckt, und daher treten in Schechters und Taylors Ausgabe dieselben Verszahlen mehrfach bei H auf, wo dieser ein Plus zeigt, während Verszahlen übersprungen sind, wo bei H ein Minus gegenüber der englischen Bibel (d. h. G) zu konstatieren war. Ferner Lévi zählt in seinem sehr schätzenswerten Buche die einzelnen Plus und Minus, die

in den bis 1898 veröffentlichten Teilen von H gegenüber G und S sich zeigen. auf (p. XLVIII. LI s.), aber er hat nicht untersucht, welche Tragweite das quantitative Wechselverhältnis von H, G und S für die Originalität von H besitzt. Endlich MARGOLIOUTH hat den quantitativen Gesichtspunkt der Vergleichung von H mit G und S gar nicht berührt.

Dem nächsten Ziele der hier vorgelegten Untersuchung entsprechend, beschränke ich mich darauf, das Plus festzustellen und zu charakterisieren, das H gegenüber G und S besitzt. Denn zwar wenn man H mit G allein vergleicht, wie es indirekt bei SCHECHTER und TAYLOR geschehen ist, so setzt sich das Plus von H innerhalb der 1899 herausgegebenen Teile desselben aus folgenden ganzen Stichen resp. Versen zusammen: 4 19, 27, 28, 5 1, 4, 6 17b, 22, 22 (d. h. zwei überschüssige Verse 22 existieren in H gegenüber G), 7 17, 12 14, 14, 13 2c, 11cd, 17c, 23a–d, 14 10, 16bcd, 15 15b, 20ab, 16 3a, 11e, 20, 30 11, 17, 20b, 20b, 31 2, 4, 6, 10, 10, 32 4, 5, 9, 11, 13, 14, 16, 17, 22, 22, 35 20, 36 8, 17cd, 50 24, 27d, 51 2b, 10a, 11c, 12c, 13, 20a, 20a, 26d, 30, Nr. 1, 2, 3, 4. Aber folgende Sätze dieser Reihe stehen auch in S: 4 19, 5 1, 4, 6 (17b; über die so eingeklammerten Stellen soll sofort das Nähere bemerkt werden) 12 14, 13 2c, 11cd, 23a–d, 14 (10), 16cd, 15 20a, 11e, 20, 30 11, 17, 20b Nr. 2, 31 (4), 6, 32 4, 5 (11, 14), 16, 17, 36 8, 17cd, 50 (24), 51 2b („und von der Gewalt der Še'ôl befreitest du meinen Fuss"), 10a, 11c, 18b[1], 20a, 20a, 26d, 30 Nr. 1, 2, 4. Mit den Stichen und Versen, die innerhalb dieser Reihe in Klammern stehen, hat es folgende besondere Bewandtnis:

Zu dem Plus, das H in 6 17b besitzt, nämlich „und wie

---

[1] Steht in S, nur sind die entsprechenden Sätze „Meine Seele schloss sich zusammen mit ihr [der Weisheit], und mein Gesicht wendete ich nicht von ihr weg" bei DE LAGARDE als 51 20 numeriert.

sein Name, so sind seine Werke", existiert eine Parallele
in folgenden Worten von S: „denn wie er, so ist sein Er-
barmen". Ferner auch 14 10 ist nicht ein wirkliches Plus
von H gegenüber S. Vielmehr zeigt gerade S, dass er an
dieser Stelle nur aus Kontraktion der beiden in H vor-
handenen Verse 14 10 entstanden ist. Oder klingt in V. 10b
des S bei dem eigentümlichen Ausdruck ܠܡܚܣ[1] nicht das
יבש („trocken") wieder, welches in dem überschüssigen V. 10b
des H steht? Ähnlich ist es bei 16 3, wo H sagt: „Vertraue
nicht auf ihr Leben und verlass dich nicht auf ihr Ende,
denn nicht wird ihnen ein guter Ausgang sein", wo aber
S hat: „Vertraue nicht auf ihr Leben und glaube nicht,
dass ihnen ein guter Ausgang sein wird." Diesen Kon-
traktionsprozess beobachtet man ferner bei 31 4. Denn
S beginnt seinen einzigen V. 31 4 auch mit „die Mühsal
(ܚܣܠ) des Armen", womit der überschüssige V. 31 4 bei H
anfängt, aber im übrigen lautet der einzige V. 31 4 des S
ganz entsprechend dem ersten V. 31 4 des H und dem
einzigen V. 31 4 von G. Also ein Element des Verses
עמל עני וג', den jetzt nur H zeigt, wurde von S in seine
Wiedergabe des vorhergehenden ähnlichen Verses aufgenommen, der in H mit יגע עני anlautet und worin יגע Verbalform ist. Dass aber umgedreht S dem H vorgelegen habe,
könnte nur dann angenommen werden, wenn dieser das
Wort עמל in seinen ersten V. 31 4 genommen hätte, weil
ja dieser mit dem einzigen V. 4 des S und G inhaltlich
übereinstimmt. — Ebenso merkt man die Kontraktion bei
32 11. Denn S fängt seinen einzigen V. 32 11 mit „zur Zeit
des Tisches mach nicht viel Redens" an, womit der überschüssige V. 32 11 bei H beginnt. Aber zu diesem Anfang
fügt S wesentlich das, was den einzigen V. 32 11 des G und
den ersten V. 32 11 des H ausmacht, nämlich „und so lange
es bei dir Erinnerung (ܥܘܗܕܢ) giebt, geh zu deinem Hause."

---

[1] „siccus; terra" bei Brockelmann, Lex. syr. s. v.

— Zusammenziehung zeigt sich auch wieder bei 32 14. Denn innerhalb des zweiten Stichos des einzigen V. 32 14 von S, nämlich „und wenn er vor ihm betet (لمع), wird er ihm antworten", erklingt ein Echo von „und er wird ihm antworten bei seinem Gebet" (בתפלה), welcher Satz den zweiten Stichos des überschüssigen V. 32 14 von H bildet. — S zeigt sodann auch eine Kontraktion der vier Stichen, die H in 50 24 besitzt. Denn H lautet: „Beständig sei mit Simeon seine Huld (24a), und er halte ihm den mit Pinehas (cf. Nm 25 12) geschlossenen Bund (24b), der nicht vernichtet werden soll ihm und seiner Nachkommenschaft (24c) gleich den Tagen des Himmels" (24d). Davon erscheint bei S soviel: „Und beständig sei mit Simeon seine Huld (24a) und mit seiner Nachkommenschaft (Trümmer von 24c) gleich den Tagen des Himmels" (24d).

So sind schon bei der Konstatierung des Plus von H nebenbei einige Beobachtungen gemacht worden, welche ein Licht auf dessen Ursprungsverhältnisse fallen lassen. Dieses so konstatierte Plus von H gegenüber G und S besteht nun, abgesehen von einzelnen Worten, in 4 27, 28, 6 22, 22 (d. h. zwei überschüssige Verse 22 existieren in H gegenüber G und S) 7 17, 12 14 Nr. 2, 13 17c, 14 16b, 15 15b, 20b, 30 20b Nr. 1, 31 2, 10, 10, 32 9, 13, 17, 22, 22, 35 20, 39 20b, 30c, 40 9b, 41 9a, 45 7e, 25f, 46 19e, 51 12c, 30 Nr. 3.

Besitzen diese Stellen den Charakter des sekundären Ursprungs, und wenn dies sicher wäre, welche Bedeutung besässe dies für die Entstehung des jetzt vorliegenden H? Untersuchen wir dies an einzelnen Gliedern der obigen Stellenreihe, die das Plus von H gegenüber G und S aufzeigt!

Hinter „unterwirf dich nicht einem Thoren und sei nicht widersetzlich vor Herrschenden!" (4 27a b), was wesentlich mit G und S zusammenstimmt, bietet H noch „sitze nicht zusammen (nämlich als Richter) mit einem ungerechten Richter, denn nach seinem Willen sollst du mit ihm

2*

richten" (27cd). Darauf folgt wieder in wesentlicher Gleich-
heit bei H, G und S nach dem Wortlaut der ersterwähnten
Quelle: „Bis zum Tode streite(?)[1] für die Gerechtigkeit,
und Jahwe kämpft für dich" (28ab). Ist es wahrscheinlich,
dass man in der jüdischen Vererbung der Sirachsprüche
zwischen dem Begriffe des Herrschenden (27b) und der Gerechtigkeit (28a) eine solche Kluft empfand, dass zu ihrer
Überbrückung die beiden Sätze 27cd eingeschaltet wurden?
Oder ist es wahrscheinlicher, dass diese beiden Sätze, die
mit den vorhergehenden immerhin sinnverwandt waren, bei
der Übersetzung ins Griechische und Syrische etc. übergangen wurden? — Ferner auf die soeben erwähnten Sätze
von 4 28ab folgt in H noch „Werde nicht ein Doppelzüngiger
genannt und auf (d. h. mit) deiner Zunge verleumde nicht!"
Dahinter kommt noch ein Satz, der es mit der Zunge zu
thun hat, und der als 4 29a wesentlich gleichmässig bei H,
G und S wiederkehrt.[2] Ob man da — mit H — die Hin-
zufügung eines auf die Zunge bezüglichen Ausspruchs für
nötig hielt, oder ob wahrscheinlicher eine Verminderung
eintrat? — 6 22 heisst bei H: „Denn die Zurechtweisung
entspricht ihrem Namen, und den meisten ist sie nicht
recht." In G und VL ist das logische Subjekt σοφία resp.
„sapientia" verdeutlichend an die Spitze des Satzes 22a ge-
treten, und S hat „ihr Name ist wie Unterweisung", sodass
man hier, nebenbei bemerkt, die Überlegenheit von H
spürt. Dahinter folgen die beiden Verse, die in den
Versionen als 27 5ab, 6ab gelesen werden. Sie besitzen in
Kap. 6 nur einen sehr indirekten Zusammenhang mit ihrer

---

1 היע׳ה nach SCHECHTER der plene geschriebene Imp. Ni. von
עצה: be pressed or fixed; ἀγώνισαι, ܐܬܟܬܫ (Ethpaʒʒal: pugna), VL:
agonizare!
2 H: sei nicht hochfahrend (נבהן) mit deiner Zunge; G: μὴ γίνου
τραχύς (oder ταχύς nach dem „citatus" von VL, dem ܩܛܝܢ des Syro-
hexaplaris und andern Zeugen bei HERKENNE, p. 81); S: sei nicht
kindisch (ܛܠܐ) mit deiner Zunge!

Umgebung und dürften eine spätere Erweiterung von H darstellen.

Was sodann die Fälle von Plus anlangt, die H gegenüber G und S in 39 15—49 11 besitzt, so begegnet uns zunächst der Fragesatz „Giebt es eine Zahl (d. h. eine Grenze) für seine Heilserweisung?" 39 20b. Diese Frage war nicht so naheliegend, dass sie den Verdacht, interpoliert zu sein, erregen könnte. Ist ferner die Bemerkung, dass die wilden Tiere etc. (39 30ab) zu ihrem Zweck geschaffen wurden (30c), so geartet, dass jemand geneigt sein konnte, sie einzuschalten? Sodann folgt auf „Pestilenz und Blutvergiessen, Fieber und Dürre", was COWLEY und NEUBAUER vermuten (40 9a),[1] noch „Verwüstung und Zerstörung, Unheil und Tod" (9b). Ist es wahrscheinlicher, dass H die Reihe der Übel verlängerte, als dass G — S besitzt 40 9 nicht — die grosse Zahl der sinnverwandten Ausdrücke verminderte? Ebendieselbe Wahrscheinlichkeit liegt in 41 9 vor, wo die synonymen Redensarten von 9abd leicht in einen einzigen Stichos kontrahiert werden konnten. Das nächste Plus von H. nämlich „und bekleidete ihn (den Aaron) mit Glöckchen" (45 7e, cf. Ex 28 33f.), rührt wahrscheinlich daher, dass ein Abschreiber das Wort וילבישהו („und bekleidete ihn"), womit der folgende Stichos (8a) beginnt, zweimal schrieb, und dass dazu פעמנים (9a) als Objekt gefügt wurde.[2] Dagegen ist es wieder ganz unwahrscheinlich, dass der Satz „der euch mit Ehre krönte" (45 25f) sekundär sei. Denn diese

---

[1] Sie lesen mit Berufung auf Dt 28 22 חֹרֶב, und gegen חֶרֶב, was SMEND vorzieht, spricht, dass das Blutvergiessen schon erwähnt war. Indes wie „Pest" und „Fieber", konnten auch „Blutvergiessen" und „Schwert" einander parallel gehen.

[2] Wie ich hinterher bemerke, urteilte so schon SCHLATTER, p. 61. Dagegen Lévi, p. 97 bevorzugt das am Rande stehende תעופה (von עוּף „voler") in der Bedeutung „vélocité, agilité". Er wird wohl, da an תעפה Hi 11 17 natürlich nicht zu denken ist, die einzige mögliche Auffassung von תעפה getroffen haben, falls dieses Wort selbst existierte und nicht bloss aus dem parallelen תועפות erschlossen ist.

Worte motivieren die vorhergehende Aufforderung, Gott zu preisen (25e), und bilden die Voraussetzung des folgenden ויהן. Und dies ist wahrscheinlicher original, als das δῴη des G, denn auch S hat ein vergangenheitliches Verb: ܕܝܗܒ „welcher gab" oder „dass er gab". Dagegen wieder die Worte „und auch bis zu der Zeit seines Endes wurde er (Samuel) klug erfunden in den Augen Jahwes und aller Lebendigen" (46 19c) können eine innerhebräische Wucherung darstellen. Es konnte scheinen, als wenn zwischen 19cd und „nach seinem Tode" (20a) eine Lücke klaffte, und diese konnte durch jene Worte „und auch bis zu der Zeit seines Endes etc." ausgefüllt werden.

Aber die Abwägung der Wahrscheinlichkeit, ob eines von den Plus-Momenten, die H gegenüber G und S besitzt, dem Original des Sirachbuches von vornherein angehörte, oder später zu ihm hinzukam, ist nicht die wichtigste Aufgabe bei dieser Untersuchung dieser überschüssigen Elemente des H. Die Hauptfrage, welche in Bezug auf sie zu erledigen ist, betrifft die Zeit und die Art, wann und wie diese Plus-Momente in H hineingekommen sind. Denn das allerdings ist leicht möglich, dass sie in der Gedankenarbeit der hebräisch-jüdischen Kreise erzeugt und im Laufe der Jahrhunderte zu dem Urbestand des Sirachbuches hinzugefügt wurden. Aber können sie von einem „Rückübersetzer", der nach MARGOLIOUTH unseren H im elften Jahrhundert aus S und G gefertigt haben soll, eingeschaltet worden sein?

Um ganz davon zu schweigen, dass der angebliche Urheber von H, wenn er bei der Herstellung desselben die erwähnten Sätze interpoliert hätte, dann kein Rückübersetzer („retranslator") mehr gewesen wäre, so würde sich mit aller Macht die Frage hervordrängen: Woher hatte dieser angebliche Urheber von H die erwähnten Plus-Stellen desselben? Aus allen uns zugänglichen Quellen von G und S hatte er sie nicht. Woher demnach schöpfte er sie?

Aus der jüdischen Tradition? Dann müsste diese doch
Spuren von diesen Plus-Stellen bewahrt haben, wie sie
andere Aussprüche von Sirach in grosser Zahl erwähnt.
So bleibt nur eins übrig: Diese Plus-Stellen haben, soweit
sie in ihrem Kontext sich als wahrscheinlich authentisch
beglaubigen, von vornherein Bestandteile des Sirachbuches
gebildet, und soweit sie nach ihrem eigenen Kontext oder
andern Indizien als sekundär erkannt werden können, sind
sie im Laufe der Jahrhunderte zu dem Sirachbuche hinzugefügt worden. Aber sie begründen das stärkste Bedenken
gegen die Meinung, dass unser H von einem Rückübersetzer
geschaffen worden sei.

Die Fälle von Plus, welches umgedreht gegenüber H
in G oder S oder auch diesen beiden vorliegt, gehören
auch nicht bloss indirekt zur Beantwortung der jetzt zu er-
ledigenden Frage, obgleich sie in erster Linie die Originalität
von H im weiteren Sinn des Wortes Originalität betreffen.
Deswegen meine ich, zunächst die von mir gesammelte Reihe
der Stellen dieses Plus vorführen und an mehrere eine Bemerkung knüpfen zu dürfen.

Bei der Aufzählung dieser Plus-Stellen sollen die, an
denen ein Plus *sowohl in* G *als auch in* S sich zeigt, als
die wichtigeren durch *Cursiv*druck hervorgehoben werden,
und weil die Zählung der Verse bei SCHECHTER-TAYLOR,
COWLEY-NEUBAUER, FRITZSCHE und DE LAGARDE nicht immer
zusammenstimmt, ist bei dieser Aufzählung mehrmals der
Anfang des betreffenden syrischen Plus beigefügt, um die
Identität des betreffenden griechischen Plus mit dem syrischen zu erhärten. Darnach verläuft die Reihe so: 3 7,
4 4b, 5a, *16* (S: „Wenn er auf mich [die Weisheit] vertraut,
wird er mich in Besitz bekommen und wird mich empfangen
für alle Generationen und Äonen“) *17b c*, 6 *17a* (ܘܢܩܒܠܝ), *18*
(ܗܝ), *23* (ܣܥܘܪ), *24* (ܐܝܟܠ), *26* (ܚܘܒܗ), *34* (ܚܘܒܡܐܐ), 7 *9* (ܠܐ ܗܠܝܢ),
27 (ܚܘܒܗ), *28*, 12 4, 5ab, 13 14, 14 7, 8 (30 *19* ist am Rande
von H nachgetragen), 32 *1a*, *18cd*, 36 1b (ein Äquivalent von

καὶ ἐπίβλεψον fehlt auch in S, aber hinter „alle Völker"
V. 2 hat S den Zusatz „die dich nicht kennen"), 9 (ܠܡܨܪ),
19 (ܠܡܥ), 20 (ܠܚܠ), 38 19 (ܠܡܥ), 39 17a b (ܡܠܐܙ ܠܠܐ), 17e*
(ܕܡܠܡܠܚ etc. nur in S), 40 2a b (ܠܡܠܚܘܠܐܨ), 41 22a b, 42 5b,
18c d (ܠܡܡ ܝܠ), 22a b (ܠܡܨܘܚ ܘܠܠܡܘ), 43 31a b, 44 11c (ܠܡܚܡܚܘ),
12, 15a b (ܠܡܠܐܙܡܠܘ), 45 26a* (nur S beginnt mit „Also
[ܠܡܚ] preiset Gott", worauf dann das mit dem רוחן des H
parallele ܕܡܙ „welcher oder dass er gab" etc. folgt), 46 12
(ܠܡܡܡܘ etc. fehlt fast ganz in H), 20d (ܠܩܠܡ ܠܠܚܚܠܚ), 47 16
(ܠܠܘܙܠ ܠܡܪܚ), 50 15a–d, 29a (... ܐܠܬ ܡܚܚܘ), 51 14a (ἔναντι
κτλ.) b, 15a–c.

An einige von diesen überschüssigen Elementen von G
und S seien nun zunächst folgende speziellen Bemerkungen
geknüpft: z. B. in 39 17ab lesen wir bei G und S nach dem
Wortlaut des letzteren: „Und nicht ist es erlaubt, dass
man sagt: „„Wozu ist dies und wozu ist jenes?"" Denn es
ist alles planvoll gemacht, und nicht darf man sagen, dass
dieses schlecht und jenes gut ist, denn es alles erstarkt
(ܠܡܚܠܚ) zu seiner Zeit". Aber dies folgt in H als 21abcd,
wo es in S fehlt. Jene ersteren beiden Stichen stehen auch
in VL als 21b: „Non est dicere: Quid est hoc, aut quid
est illud? Omnia enim in tempore suo quaerentur." Welche
Stellung dieser Sätze die richtige ist, kann fraglich sein.
Jedenfalls aber hätte der angebliche Rückübersetzer hier
weder G noch S nachgeahmt. — Ebenso wenig hätte er
diese seine angeblichen Muster nachgebildet, indem er die
nur in S stehenden Sätze „Durch sein Wort geschieht der
Aufgang der Sonne, und durch sein Wort wird ihr Untergang zu teil" nicht aufgenommen hätte. Wer wird überdies nicht urteilen, dass diese Sätze leicht als eine Detail-
lierung des vorhergehenden allgemeinen Ausspruchs entstehen
konnten? Ich meine mich auch nicht zu irren, wenn ich
wesentlich dasselbe Urteile über den Ursprung von τοὺς
διαλογισμοὺς κτλ. (40 2a b) fälle. Bilden sie nicht ein Inter-
pretament von ἀσχολία und ζυγός (1a b)? Und waltet nicht

die gleiche Beziehung zwischen 11ab und 12ab? Aber natürlich kann auch in der Textgeschichte des H der Verlust
von 12ab eingetreten sein. Auf die eine oder andere Art
können auch die übrigen Fälle von Minus erklärt werden,
die H gegenüber G und S zeigt.

Indes auch bei diesen Plus-Elementen von G und S
(s. o. p. 22) ist nicht dies die Hauptfrage, ob sie wahrscheinlicher von vorn herein dem Sirachbuche angehörten,
oder zu ihm als Produkte der innerjüdischen, resp. inner-
hellenistischen Geistesentwicklung hinzugekommen sind. Vielmehr ist bei diesen Plus-Stellen folgendes die Hauptfrage:
Weswegen hätte der Rückübersetzer diese Bestandteile
seiner angeblichen Vorlagen weggelassen?

Dies zu begründen, würde von mehreren Gesichtspunkten
aus Schwierigkeit machen. Ich will nicht betonen, ob man
in dieser Judenschaft des elften Jahrhunderts, welcher der
angebliche Urheber von H angehört haben soll, soviel
litterarkritischen Geist besass. Aber wenn er, wie MAR-
GOLIOUTH p. 19 annimmt, das Sirachbuch wieder seinen
hebräischen Landsleuten schenken wollte, weswegen ver-
stümmelte er den Bestand dieses Buches, der ihm vorgelegen
hätte? Der Fall läge doch etwas anders, als bei der einst-
maligen Gräcisierung des Alten Testaments, wo z. B. beim
Ijjobgedicht der Hellenist stark gekürzt hat.[1] Da lag doch
das hebräische Original noch vor, das schliesslich auch den
hellenistischen Juden zugänglich war, und dem nur eine
leichter lesbare Gestalt gegeben werden sollte. Aber hier
bei der angeblichen Rückübersetzung des Sirachbuches ins
Hebräische wäre der traditionelle Bestand dieses Buches,
der in den angeblich benützten Quellen vorgelegen hätte,
verändert worden.

Ausserdem ist noch speziell dies zu beachten, dass

---

[1] Vgl. meinen Artikel „Zur Ijjobforschung" im Theologischen
Litteraturblatt 1898, p. 153 ff. und Budde im „Handkommentar", p. LIf.

30 19ab und das erste Wort oder die zwei ersten Worte
von 20a des S am Rande bemerkt sind. Der nächste
Schluss aus diesem Umstand ist doch der, dass diese Randbemerkung auf späterer Vergleichung von H mit S beruht.
Es sollte auf diesen hingewiesen werden. — Ferner auch
das Factum ist zu beachten, dass 46 12ab[1] fast ganz in H
fehlt, und nur ein Element jener zwei Stichen dort steht,
nämlich ושמם תחליף לבניהם „und ihr Name soll nachbleiben
ihren Kindern", vgl. den Anfang von 12b bei G: καὶ τὸ
ὄνομα αὐτῶν ἀντικαταλλασσόμενον ἐφ᾽ υἱοῖς. Es ist nur ein
Trümmerstück aus dem Original geblieben. Aber der Rückübersetzer hätte doch nicht ein einzelnes Moment aus seiner
angeblichen Vorlage herausgegriffen.

2. Was lehrt die qualitative, und zwar die hermeneu-
tisch-qualitative Beziehung von H zu G, S etc. über die
Entstehung von H?

An die quantitative Gegenüberstellung der drei Haupt-
quellen des Sirachbuches dürfte sich naturgemäss ihre
qualitative Würdigung anschliessen. Dabei wird aber die
Aufgabe der Untersuchung speziell darin bestehen, die Texte
der drei Gestalten des Sirachbuches, denen ein Wettbewerb
um die Priorität zugemutet wird, unter dem Gesichtspunkt
zu vergleichen, welcher von ihnen exegetisch gesund, oder
sinnlos sei. Denn natürlich würde der Wortlaut der Quelle
H, wenn er, ohne dass die Textkritik ihn heilen könnte, in
einer Reihe von Stellen einen Nonsens gegenüber G und S
darböte, den Verdacht erregen müssen, das Machwerk eines
Ignoranten zu sein, der seine Quellen nicht richtig hätte
reproduzieren können.

Bei dieser exegetischen Prüfung von H wird es gut

---

[1] 46 12ab lautet nach S: „Und aufglänzen (= aufblühen) werden
ihre Gebeine wie Lilien, und sie werden hinterlassen ihren Namen als
einen guten ihren Kindern und dem ganzen Volke ihre Lobsprüche."

sein. den Spuren von MARGOLIOUTH zu folgen, damit die Gründe seiner Bemängelung des H im einzelnen zur Geltung kommen und nach ihrem Gewicht geschätzt werden können.

Da kommen zunächst

a) Stellen in Betracht, die in den erst jetzt von SCHECHTER und TAYLOR herausgegebenen Teilen von H stehen:

In 30 11cd, 12ab werden die Väter ermahnt, den Trotz ihrer Söhne zu brechen, und wir lesen, dass sie ihre Zucht an der störrischen Schulter (11c), den hinterhaltigen Lenden (11d). dem übermütigen Kopfe (12a) und wiederum den Lenden (12b) üben sollen. Wäre es unnatürlich, wenn der erfahrene Ben Sira bei dieser Gelegenheit die Lenden zweimal als Objekt der Zucht erwähnte? Dies wird auch wirklich der Fall gewesen sein. Nämlich in G finden wir 11c (κάμψον τὸν τράχηλον κτλ.) und 11d, während S seinerseits 12a („beuge seinen Kopf" etc.) und 12b bietet. Wenn nun G richtig den originalen Sirachtext wiedergegeben hätte, so würde Ben Sira bloss den Nacken ausser den Lenden, erwähnt haben, und wenn S den originalen Sirachtext richtig übersetzt hätte, so würde Ben Sira nur den Kopf, ausser den Lenden, als Objekt der Disziplinierung genannt haben. Was hätte dann im wirklichen Sirachbuche gestanden? Wenn ferner S aus G entstanden wäre, woher hätte er die Erwähnung des Kopfes geschöpft? Folglich muss der weise Ben Sira sowohl die störrische Schulter, resp. den starren Nacken, als auch den trotzigen Kopf des ungehorsamen Sohnes als Objekt der Disziplin erwähnt haben. — Das alles ist von MARGOLIOUTH nicht berücksichtigt worden, indem er in der August-Nr. der Expository Times, p. 528a sagte: „30 12 is rendered twice; the Greek has θλάσον, the Syriac pakka‘. The first is rendered רציץ, the second בקע!" Nein, es entspricht, wie ich soeben gezeigt habe, gar nicht dem Thatbestande, dass Ben Sira in diesem Zusammenhang entweder bloss den Nacken, oder bloss den Kopf, ausser den Lenden, erwähnt habe.

30 17 lautet in G: „Besser ist der Tod, als ein bitteres
Leben, und besser ist die ewige Ruhe, als eine andauernde
Kraftlosigkeit (oder Krankheit, Siechtum etc.)", und in S
heisst es: Besser ist es zu sterben, als ein schlimmes Leben,
und besser ist es, hinabzusteigen in die Sche'ol, als be-
ständiger Schmerz." H bietet: „Besser ist es zu sterben,
als ein Leben von Eitelkeit (שוא), und ewige Ruhe (ist
besser), als beständige Mühsal. Besser ist es zu sterben,
als ein Leben, das schlimm ist, und hinabzusteigen zur
Sche'ol (ist besser), als ewige Mühsal." Was meint MAR-
GOLIOUTH a. a. O.? Dass der Urheber von H „the verse
30 17 twice" übersetzt habe. Aber „ein Leben von Eitelkeit" (שוא) würde er weder in G noch in S gefunden haben,
und die Zeilen mit identischem Anfang, also mit Anaphora
wie hier טוב und טוב, sind im Sirachbuche zu zahlreich, als
dass sie auf Textwucherungen zurückgeführt werden könnten,
vgl. מי 31 9, מי 10; לפני 32 9, לפני 10; דורש 13–15; אל 21. 22;
לא 33 13, 14; עד 18–20; רחם 36 12, 13; תן 15, 16.

30 20b lautet in H: „Wie ein Eunuch ein Mädchen
umarmt und seufzt", und diese Worte gehören, wie das
כאשר „wie" anzeigt, zum Vorhergehenden. Dann folgt „So
ist der, welcher Gericht übt mit Gewaltthätigkeit", und
darauf kommt „wie ein Haremswächter, der bei einer Jung-
frau liegt." Denn כן נאמן wurde aus כנאמנ durch Dittographie des נ, und נאמן konnte auch den Sinn „Betrauter"
χ. ἐ., d. h. Haremswächter, bekommen. MARGOLIOUTH freilich
sagt in der August-Nr. der Expository Times, p. 528a, dass
der erste von den drei erwähnten Sätzen eine Nachahmung
des G sei, während der dritte den entsprechenden Satz von
S hinzufüge. Aber die Sache liegt nicht einfach so. Denn
נאמן braucht nicht eine Nachahmung des syrischen ܡܗܝܡܢܐ
zu sein. Ferner muss, wie soeben gezeigt wurde, כנאמנ zu
einer Zeit vorhanden gewesen sein, wo noch nicht Finalbuchstaben verwendet wurden. Endlich ist der Sinn des
ersten und des dritten von den drei Sätzen, die oben an-

geführt wurden, keineswegs identisch, und dass die Untreue eines Haremswächters möglich war, ersieht man aus der ἐπιθυμία εὐνούχου κτλ. (Sir 20 3a) und aus dem, was EBERS in „Ägypten und die Bücher Mosis", p. 298 f. über die Ehe des Eunuchen Potiphar auseinandergesetzt hat, wo er z. B. sagt: „Noch heute besitzt mehr als ein Eunuch seinen Harem." Endlich wenn der Urheber von H den Text von G und S vor sich gehabt hätte, so würde er 30 20a des G (οὕτως ὁ ἐκδιωκόμενος κτλ.) und 30 19cd sowie die ersten zwei Worte von 20a des S¹ weggelassen haben. Dieser Ursprung der drei Sätze von H, die oben zitiert wurden, ist nicht wahrscheinlich. — Man braucht also vielleicht nicht einmal darauf zu rekurrieren, dass in 30 20b sich eine innerjüdische Textwucherung geltend gemacht haben kann, und davon in S sich eine Spur zeigt.

In 30 21a von H werden wir ermahnt mit den Worten: „Gieb nicht deine Seele dem Streit hin!" Dies ist nicht sinnlos, zumal der parallele Satz lautet: „Und strauchle nicht über dein Vergehen!" Aber es ist sehr wahrscheinlich, das ו und י in דין 21a verwechselt wurden, wie איותה statt אויתה (’iuwêtha) in 6 37, ו ישׁא etc. statt ישׁאו etc. geschrieben ist in 13 22c, 14 10a, 49 14a. Ben Sira kann also דון d. h. dawôn, ein mit דוי (Ps 41 4) verwandtes Wort, gemeint haben, das „Schmerz" oder „Kummer" bedeutete. Dies ist die Meinung von SCHECHTER und TAYLOR. Dagegen MARGO-LIOUTH in den Expository Times, p. 528a kennt nur das eine Urteil, dass das syrische duwânâ vom Urheber des H verkannt worden sei. Übrigens woher hatte dann G den Ausdruck λύπη? Hat der Enkel Ben Sira's auch das duwânâ von S vor sich gehabt?²

b) Lässt sich die exegetische Inferiorität des H gegen-

---

¹ „So ist der, dem Reichtum ist und der sich seiner nicht bedient, und er sieht es mit seinen Augen und seufzt."

² Dieses דון dawôn steht bei G. MARGOLIOUTH 31 21!

über G oder S aus Stellen erweisen, die in den von COWLEY und NEUBAUER edierten Teilen vorkommen? 40 16 lautet in H כקרדמות על גפת נחל מפני כל מטר נדעכו. Schon COWLEY und NEUBAUER haben gefragt, ob קרדמות aus קרומיות verderbt sei, und sie haben dieses letztere Wort mit „(reed-) stalks", also „Rohrstengel" gedeutet. Ferner haben sie מפני mit der dort stehenden Randbemerkung durch לפני ersetzt und weiter vermutet, dass מטר aus חציר verderbt sei. Wie schon das לפני der Randbemerkung aus Vergleichung von G oder S fliessen kann, so auch das von COWLEY und NEUBAUER vermutete חציר, und MARGOLIOUTH, p. 7 f. hält es für zweifellos, dass G in 16a das Wort ἄχει nur aus dem אָחוּ „Papyrusstaude" des wirklichen Original entlehnt haben könne. „Clearly", so sagt MARGOLIOUTH, „the Greek would not have used a Coptic word, had he not found it in his original. This *achei*, therefore, was used by Ben Sira himself, who got it from Job (אָחוּ)", nämlich Hi 8 11b. Aber es ist keine ausgemachte Sache, dass der griechische Übersetzer das Wort ἄχει nicht selbständig gewählt haben könnte. Denn es giebt negative und positive Elemente im hellenistischen Alten Testament, die auf den ägyptischen Aufenthaltsort wenigstens eines Teiles seiner Urheber hinweisen. Man erinnere sich einerseits daran, dass die Ausdrücke „Esel" und „Hase" im hellenistischen Alten Testament vermieden sind.[1] und andererseits daran, dass mehrfach ägyptische Bezeichnungen gewählt sind: z. B. χόνδυ Gn 44 2 für den Becher Josephs, ἶβις für יַנְשׁוּף Lv 11 17 ‖ Dt 14 16, ἀρτάβη für חֹמֶר Jes 5 10, und gerade das Wort ἄχει ist nicht bloss an den Stellen gewählt, die אָחוּ enthalten Gn 41 2, 18. Hi 8 11b), sondern auch in Jes 19 7 für עָרוֹת. Demnach konnte dieses selbe Wort ἄχει auch in Sir 40 16a gebraucht werden, teils damit an eine häufig auftretende Pflanze Ägyptens erinnert werde — eine

---

solche Rücksichtnahme auf die ägyptischen Juden ist nach dem
Prolog des Übersetzers nicht unwahrscheinlich[1] —, und teils
weil diese Stelle eine Parallele von Hi 8 12 zu enthalten schien.
Aber auch diese letztere Meinung ist keineswegs zweifellos, und ich erlaube mir, folgende Deutung von Sir 40 15, 16
vorzulegen. Ich acceptiere Cowley's und Neubauer's Vermutung, dass קרדמות aus קרומיות verderbt sein könne.[2] Aber
ich schöpfe aus Immanuel Löw, Aramäische Pflanzennamen,
p. 201 f. die Meinung, dass dieses Wort Mohnköpfe bezeichnet
hat,[3] die wie Fackeln glühen. Daraus erklärt sich vielleicht
die Wahl des Verbums נדעכו, das eigentlich bedeutet „sie
sind verlöscht". Auf dieser Basis meine ich 40 15, 16 so
übersetzen zu können: „Das Produkt (das persönliche in
erster Linie) von Gewalt (abstractum pro concreto) wird
nicht frei von schlimmen Konsequenzen bleiben,[4] denn die
Wurzel eines Gottlosen liegt auf einem Felszahn, sie gleicht
Mohnköpfen auf der (Sand-) Bank[5] eines Baches: in Folge
jedes Regengusses werden sie (sowohl jene Wurzel als ins-
besondere die Mohnköpfe) ausgelöscht d. h. vernichtet."
Übrigens kann man auch übersetzen „die in Folge jedes
Regengusses ausgelöscht sind", denn Ṣifa[6] findet sich in
39 30d, 40 11a, 42 1a, 43 30a, 48 5a. Also H besitzt in 40 15, 16,
wenn die nach oben p. 12 erlaubte Veränderung von קרדמות
vorgenommen ist, einen gesunden Sinn.

---

[1] Er wollte das Buch für die herausgeben, die in der Fremde weilen
(τὸ βιβλίον ἐκδόσθαι καὶ τοῖς ἐν παροικίᾳ βουλομένοις φιλομαθεῖν).
[2] Diese Möglichkeit wird auch weder von Lévi noch von Ryssel
bestritten. Trotzdem meint jener, dass G gelesen habe: „באחו על כל מים,
comme les roseaux [„Rohr- oder Schilfstengel"] sur toute eau", und
Ryssel will die Deutung aus S holen und findet darnach hier die „Acker-
winden" erwähnt. Aber vielleicht bedarf es dieser Annahmen doch nicht.
[3] Im. Löw: קרמית nach dem Arûkh: פפאביר = כולנייתא [papaver],
eine Pflanze, die rund und kugelförmig ist und die Samen enthält, d. h.
Mohnköpfe.
[4] So ist יִנָּקֶה in Nm 5 19b und Ri 15 3a gebraucht.
[5] על נפת kann auch „an der Seite, am Uferrande" heissen.
[6] Die Erklärung dieses Terminus findet man in m. „Syntax" § 380c.

In 41 12ab lautet der Text von H: „Sei besorgt um —
deinen (s. u.) — Namen, denn er wird dir mehr anhaften,
als tausend Schätze von Weisheit." Für חכמה steht am Rande
חמדה, also „Kostbarkeit", und VL giebt „thesauri pretiosi".
S bietet „Schätze von Trug" und G hat „Schätze von Gold"
(χρυσίου). MARGOLIOUTH, p. 14 plädiert dafür, dass die
originale Lesart הון gewesen sei. Dies wird nach seiner
Meinung direkt durch G und indirekt durch S empfohlen,
weil הון wie און habe ausgesprochen werden können. Übrigens
meint er, dass auch און selbst der originale Ausdruck in
41 12b sein konnte. Nun werde dieses Wort און „often"
durch das syrische ܐܝܟ wiedergegeben.[1] Weil nun dieses
Wort zufällig in 41 12b den Genetivexponenten ܃ vor sich
hatte (cf. ܐܝܟ܃, ܐܝܟܣܘܡ), soll der Rückübersetzer die Kon-
sonantengruppe ܐܝܟ܃ als ein Wort aufgefasst und dieses von
ܝܕܥ (scivit) abgeleitet haben. Er soll weiter dieses Wort
ܐܝܟ܃ („science"), das im Syrischen gar nicht existiert, doch
dem syrischen Texte von 41 12b zugeschrieben und „Wissen"
oder „Erkenntnis" nicht durch das begrifflich nächstliegende
und vom angeblichen ܐܝܟ܃ förmlich herausgeforderte Wort
דעת, sondern durch חכמה „Weisheit" ersetzt haben. Man
wird wohl zugeben, dass dieser Weg der Entwicklung des
letzten Ausdruckes von 41 12b kein ganz einfacher gewesen
wäre, und wenn der von MARGOLIOUTH vorausgesetzte Rückübersetzer des Sirachbuches so wenig vom Syrischen verstand,
wie konnte er dann das syrische Sirachbuch übersetzen?

Daher lege ich folgende Lösung der Schwierigkeit vor:
Ich würde חָרוּץ, welches in allen seinen sechs alttestamentlichen Stellen (Sach 9 3, Ps 68 14, Pv 3 14, 8 10, 19, 16 16) durch
das bei G hier stehende χρυσίον wiedergegeben ist, als die
originale Lesart empfehlen, wenn nicht durch eine Randbemerkung חמדה „Begehren, Kostbarkeit" dargeboten würde,
wofür das „pretiosi" der VL spricht und was auch von

---

[1] ܐܝܟ ӡettâ „fraus, dolus" nach BROCKELMANN, Lex. syr. s. v.

SCHLATTER, LÉVI und RYSSEL als Original angenommen worden
ist. Dies konnte beim Hellenisieren des Sirachbuches in das
„Gold", dieses konkrete Objekt des weitverbreiteten materiellen Begehrens umgewandelt werden. Aber neben חמדה
entstand in andern Exemplaren die auch lautlich und
graphisch verwandte Lesart חכמה, und zwar auf folgendem
Wege. MARGOLIOUTH, der p. 14 mit aller Lebhaftigkeit
חכמה als das originale Schlusswort von 41 12b bekämpfte· und
jenen oben nachgezeichneten verschlungenen Umweg für die
Entstehung von חכמה ausdachte, hat doch nicht חכמה וג'
„Vergrabene Weisheit und verborgener Schatz" (14b)
beachtet. Diese Ausdrücke schienen auf die „Schätze" von
12b zurückzuweisen, und so entstand dort die Lesart „Schätze
der Weisheit". Der Sinn dieser Aussage, dass ein guter
Name mehr Wert, als tausend Schätze der Weisheit besitzt,
sollte wohl dieser sein: Intellektuelle Bildung und der Ruhm
des Gelehrten sind immerhin nicht als die höchsten Güter
anzusehen. Diese zweite Lesart von H in 41 12b, nämlich
חכמה „Weisheit" oder „Klugheit" konnte vom S zu Gunsten
des Kontextes auf das speziellere ṣettâ „List" oder „Täuschung"
eingeschränkt werden.

In 43 9a haben sowohl G als auch S den Plural Sterne
(ἄστρων und ܟܘܟܒܐ mit dem Doppelpunkt des Ribbûj), und
auch VL hat „species caeli, gloria stellarum." MARGOLIOUTH,
p. 17 meint, indem er 44 9 zitiert, dass der Rückübersetzer
die Punkte des S übersehen habe. Aber war der Plural
„Sterne" auch in der persischen Version vernachlässigt, die
ihm den G vermittelt haben soll? Und ist es ganz unwahrscheinlich, dass der Mond הדר כוכב „ein Prachtexemplar
von einem Stern" genannt wurde? War es nicht leicht
möglich, dass dieser Genetivus appositionis in den Genetivus
partitivus (δόξα ἄστρων und so auch in S etc.) überging? [1]

---

[1] LÉVI übersetzt „gloire des étoiles", ohne ein Wort über den
Numerus von כוכב zu sagen. SCHLATTER bemerkt nur: „Ob der Singular
כוכב ursprünglich ist, kann fraglich erscheinen."

König, Sirachtexte.   3

Wenigstens stimmt bei H auch die Fortsetzung des Textes
zu der Auffassung von הדר כוכב, die soeben vorgelegt wurde.
Denn H setzt sich so fort: „und sein Licht ist leuchtend
an den Höhen Gottes (9b). Durch Gottes Wort steht er
(יעמד) satzungsgemäss (10a), und nicht giebt es ein Schlafen
(יישון) in ihren Nachtwachen" (10b). In H findet also der
Übergang vom Mond zu den Sternen formell erst in 10b
statt. Bis dahin ist der Mond als ein nächtliches(!) Gestirn
zu den Sternen gerechnet, bis diese neben ihm selbständig
hervortreten (10b). In G etc. vollzieht sich der Übergang
vom Haupt-Nachtgestirn zur Mehrzahl der Sterne schon in
9a (ἄστρων etc.) und dann in στήσονται (und יעמד ‖ نمــمــ)
etc. Aber das war eine unwesentliche Modifikation, da ja
der Mond doch die Sterne mit repräsentiert. Aber ob H
durch Rückübersetzung entstanden wäre, wenn seinem Urheber schon die Plurale von G und S in 9a, 10ab vorgelegen
hätten, ist eine andere Frage.[1]

Auch in 43 20 findet sich nach MARGOLIOUTH's Meinung
„the phenomenon: the Greek is sound sense, the „„Original
Hebrew"" absurd" (p. 10). Prüfen wir diesen Fall! H
sagt: „Die Kälte (Pv 25 13a) des Nordwindes veranlasst er
(das logische Subjekt des Kontextes, d. h. Gott) zu wehen
(יישב) und wie durch Fäulnis (oder ähnlich; siehe nachher)
lässt er sich zusammenziehen seine Quelle(n)[2]", d. h. die
Quelle, die Gott selbst gemacht und dazu bestimmt hat,
dass sie lebendig sprudele und nicht starr sei, lässt er in
der Eisbildung gleichsam ersterben. Gott hebt also die
ursprüngliche Bestimmung der Quellen auf, wie Fäulnis die
ursprüngliche Beschaffenheit des betreffenden Gegenstandes
verändert. Es ist deshalb nicht absolut zweifellos, ob die
Randlesart, welche מקורו „seine Quelle(n)" durch מקוה „(jede)

---

[1] HERKENNE bemerkt zu 43 9b: „Ex H patet falsitas lectionis
κόσμον φωτίζων (= V. L. [„mundum illuminans"], Aeth., cod. 23)."

[2] מקורו konnte auch den Plural meqôrâw meinen, cf. Gn 33 4a,
Ex 27 11b (עמדו, Qerê: עמדיו) 28 28 etc.

Wassersammlung"[1] ersetzt, mit Lévi vorzuziehen ist. Es ist nicht ganz wahrscheinlich, weil die sogenannten stehenden Gewässer in 20c (מעמד מים) d (מקוה!) erwähnt werden. Aber mag nun in 20b מקורו, oder מקוה vorzuziehen sein, jedenfalls können die Worte von H nicht „absurd" genannt werden. Denn erstens kann כרקב die Präposition ב involvieren, wie so häufig im Alten Testament (vgl. m. Syntax § 319 f g), und sodann רקב „Fäulnis" (cf. Hab 3 16, Pv 12 4 etc.), was Margoliouth am meisten anstössig findet, konnte den allgemeineren Sinn „Verderbtheit" oder „Ranzigwerden" bekommen und auf das mit dem Ranzigwerden verbundene Gerinnen — von Milch und andern Flüssigkeiten — übertragen werden.[2] Aber die Hauptfrage ist diese: Was ist wahrscheinlicher, dass die Worte von G „Ein kalter Nordwind soll wehen, und Eis[3] soll sich zusammenziehen aus Wasser" eine vereinfachte Darstellung des Textes von H geben wollten, oder dass umgedreht H aus G entstand? Mir scheint die Antwort nicht unsicher sein, wenn ich die Fülle von Beziehungen betrachte, die in den Worten des Textes von H mit Wahrscheinlichkeit ausgeprägt sein sollen.

Die griechische Gestalt von 43 24a ist diese „die, welche das Meer befahren, erzählen von seiner Gefahr",[4] während H bietet: „die, welche auf das Meer gehen, erzählen von seinem Ende (oder seinem Umfang, vgl. קצה in Gn 47 2, Nm 22 41, Jes 56 11, Hes 33 2). Wenn sie davon erzählen, so muss dies nicht im absolut bejahenden Sinne gemeint

---

[1] Cf. מִקְוֶה Gn 1 10 etc. und über die generelle Bedeutung des indeterminierten Wortes siehe in meiner Syntax § 256b.

[2] Hinterher sehe ich, dass Schlatter, p. 49 übersetzt hat: „Und lässt wie Milch die Quelle gerinnen."

[3] κρύσταλλος, VL: crystallus (S hat nicht 43 20), und darnach ist וְקָרַח (statt וכרקב) und מְקוֹרוֹ vermutet worden von Nöldeke und Ryssel („und Eis lässt er gefrieren durch sein eisiges Wehen"), aber darin liegt mehr als eine Schwierigkeit.

[4] VL hat meist „pericula" (cf. Herkenne). S von 43 24a fehlt.

sein. Es braucht ihnen nicht die Erzählung zugeschrieben
zu sein, dass sie das Ende des Meeres selbst erreicht, oder
seine Totalität erforscht hätten, obgleich auch dies aus
Neigung zu Hyperbeln geschehen konnte.[1] Aber ohne eine
von diesen Möglichkeiten ins Auge zu fassen, findet Margoliouth, p. 8 „a correct sentiment in the translation, an
absurdity in the „„original."" Abgesehen davon, dass dieses
Verdikt schon nach der vorhergehenden Darlegung unbegründet ist, kommt noch folgendes hinzu. Wenn der
„retranslator" den Begriff „Gefahr" in G — obgleich durch
Vermittlung einer angeblichen persischen Version — gefunden hätte, würde er ihn durch קצהו wiedergegeben haben?
Näher liegt die Annahme, dass der schwerere Begriff durch
einen gewöhnlicheren ersetzt wurde.

In 46 20b ist betreffs Samuels gesagt: „und er verkündete
dem Könige [Saul] seine Wege", d. h. sein Schicksal (cf.
Ps 10 5a, 37 5a). Diese Worte werden auch in S gefunden,
nur dass der Plural „seine Wege" (דרכיו) durch den Singular
ersetzt wurde, und da das Schicksal, dessen Verkündigung
dem Samuel in 46 20b zugeschrieben ist, in Wahrheit das
Ende Sauls war, ist es da unglaublich, dass dieser Begriff
von G (τὴν τελευτὴν αὐτοῦ) ausgedrückt wurde? Margoliouth
aber findet auch hier eine Sorglosigkeit oder Unbedacht-
samkeit seines Rückübersetzers, indem er sagt: „Evidently
the words *end* and *way* represent the same word אחריתו,
which means „„his end"", but which any one reading care-
lessly might think meant „„his paths"" (p. 13). Genauer
soll die „sorglose" Operation, deren Produkt unser H sein
soll, folgende drei Stadien durchlaufen haben: das „wirk-
liche" Original אחריתו („sein Ende") wurde nach Margo-

---

[1] Cowley und Neubauer übersetzen קצהו mit „of its bounds",
Schlatter mit „beschreiben sein Ende", Ryssel mit „von seiner Aus-
dehnung". Lévi giebt „en racontent des détails", ohne sich weiter
darüber auszusprechen.

LIOUTH's Meinung (p. 14) α) vom S als ארחתיו verlesen,
β) dieser Plural wurde von demselben S mit dem Singular
(ܐܘܪܚܗ) übersetzt, und γ) der Singular des S wurde vom
hebräischen „retranslator" in den Plural (דרכיו) umgewandelt.
Dem gegenüber scheint mir der oben angedeutete Übergang
von „seine Wege", d. h. sein Schicksal, in „sein Ende"
natürlicher zu sein.[1]

c) Die bisherige exegetische Vergleichung von H, G,
S etc. scheint mir nicht die Annahme nötig zu machen,
dass die neugefundenen hebräischen Sirachtexte eine Rückübersetzung aus den Versionen bilden. Aber diese Meinung
lässt sich auf demselben exegetischen Wege auch als nicht
möglich erweisen. Denn aus vielen Stellen scheint mir
positiv nachgewiesen werden zu können, dass der Text von
H nicht aus G und S abgeleitet sein kann.

Fast im Beginn des hebräischen Sirach begegnet eine
solche Stelle. Denn G lautet in 3 8: „Durch Werk und
Wort ehre deinen Vater, damit Segen von ihm auf dich
komme!" S stimmt damit in 8a überein und sagt in 8b:
„damit auf dich alle seine Segnungen kommen." Endlich
H bietet: „Durch Wort und Werk ehre deinen Vater, damit
alle Segnungen dich treffen!" Also in 8a bringt H „Wort"
und „Werk" in anderer Reihenfolge, als seine angeblichen
beiden Quellen, und in 8b steht ein umfassenderer Ausdruck>
als εὐλογία παρ' αὐτοῦ und ܒܘܪܟܬܗ.

In 6 4b sagt H: „Und die Freude von einem Feinde
(oder von Feinden) wird sie (die Besitzer, die vorher in

---

[1] Vielleicht bedarf es nicht einmal der im übrigen ansprechenden
Vermutung von F. Perles (Wiener Zeitschrift für die Kunde des Morgen-
landes, Bd. XI, 95 ff.) und Lévi, dass Ben Sira ארחו „son chemin" geschrieben, dass dieses Wort eine innerhebräische Umwandlung in דרכיו
erfahren, aber einst vom Siracidenenkel mit אחריתו vermengt worden
sei. — Auch Schlatter übersetzt einfach „seine Wege", hält also den
Übergang dieses Begriffs in das griechische τελευτή für natürlich, und
Ryssel's Arbeit liegt mir erst bis 43 31 vor.

בעליה gemeint sind) erreichen.“ Das בעליה konnte aber auch
einen einzigen Besitzer meinen, wie in Hi 31 39, Qh 5 10 etc.
(siehe alle Fälle in meiner Syntax § 263k). So singularisch
ist es gefasst in αὐτόν, und in G sind die Ausdrücke von
H überhaupt erleichtert zu „und wird ihn machen zu einem
Gegenstand der Freude (ἐπίχαρμα) von Feinden.“ S stimmt
mit G überein, nur dass er „seiner Feinde“ (ܠܣܢ̈ܐܘܗܝ) hat.
Aber die einfachen Worte von G und S würden nicht zu
dem umgewandelt worden sein, was wir in H lesen.

6 16a lautet bei H: „Ein Säckchen (oder ähnlich: ṣᵉrôr)
des Lebens¹ ist ein treuer Freund.“ Ṣᵉrôr kann da ein
köstliches Gefäss bezeichnen, das, mit Myrrhe gefüllt (צְרוֹר
הַמֹּר), auf der Brust getragen wurde (בֵּין שָׁדַי יָלִין HL 1 13).
Dieses Beutelchen, das erquickenden Wohlgeruch ausströmte,
konnte um so leichter mit einem wohlriechenden Harz
identifiziert werden, als letzteres mit einem ähnlichen Worte,
wie ṣᵉrôr ist, bezeichnet wurde, nämlich mit ṣorî (צֳרִי Gn
43 11 etc., cf. û-ṣᵉrî 37 25). Ja, wenn ṣᵉrôr defective bloss
mit den drei Buchstaben צרר geschrieben wurde, war es dem
צרי nicht unähnlich, weil der Buchstabe Jod in einer frühen
Periode der Schriftgeschichte fast ebenso lang war, wie ר².
Deshalb ist es auch nicht unmöglich, dass Ben Sira das zweite
der beiden erwähnten Worte, ṣorî, in der althebräischen
Schrift der Makkabäermünzen schrieb: ᒍᐱᐯᓿ, oder mit
etwas anderer Gestalt von Reš und Jod, wie sie ebenfalls
auf den jüdischen Münzen vorkommt,³ ᘔᕼᐩᒍ. Dann konnte
also sein Enkel den Anfang jenes Satzes von 6 16a übersetzen mit φάρμακον ζωῆς, und S konnte darbieten: „Ein
treuer Freund ist ein Gewürz (sammâ)“.⁴ Aber wenn G

---

¹ Man könnte sagen: ein Fläschchen voll Lebensessenz.
² Siehe die Belege aus Chwolson's Corpus inscriptionum hebraicarum, in meiner „Einleitung“, p. 152 und Th. H. Weir, A short history
of the Hebrew text of the Old Testament (1899), p. 79.
³ Vgl. hauptsächlich die grosse Schrifttafel, die Eutings Meisterhand zu Curtiss-Bickell's Outlines of Hebrew grammar gefügt hat.
⁴ ܣܡܐ = „pharmacum“ bei Brockelmann, Lex. syr. s. v.

und S die Quellen gewesen wären, aus denen der Urheber von H geschöpft hätte, so würde er nicht $s^e r\hat{o}r$, צרור „ein Bündel" (oder ähnlich) gewählt haben.

Betrachten wir aus den jetzt neulich veröffentlichten Partien des H z. B. noch 6 21a! Der Kontext spricht von der Weisheit, und in 20b, 21a ist von ihr gesagt, dass „einer, der verständnislos ist, sie nicht ertragen kann (20b), und dass wie ein Laststein sie auf ihm liegen wird" (21a). Der Ausdruck „Stein von Aufhebung, Tragen, Last" (משא *massā'*) erinnerte an die Erprobung der Kräfte, die durch das Aufheben schwerer Steine geschah, das in der kulturgeschichtlich höchst interessanten Stelle Sach 12 3 erwähnt wird.[1] Ferner wird „Erprobung" im Hebräischen durch ein Homonymum von jenem משא, nämlich *massā* (מסה) ausgedrückt. War es also nicht leicht möglich, dass der „Stein des Aufhebens oder der Last" durch „schwerer Stein der Erprobung" (λίθος δοκιμασίας ἰσχυρός) vom Enkel des Ben Sira ersetzt und zugleich beleuchtet wurde? Aber umgedreht aus G wäre nicht H entstanden. Auch S, welcher darbietet: „Wie ein Stein ist sie schwer[2] auf ihm", zeigt eine Spur von jenem משא des H. Aber auch der Wortlaut von S wäre nicht in den von H „wie ein Stein von Aufhebung oder Last wird sie auf ihm sein" umgewandelt worden.

So könnte ich noch fortfahren, durch die exegetische

---

[1] HIERONYMUS, der ja Palästina aus eigener Anschauung kannte, bemerkt in seinem Kommentar zu Sach 12 3: „Mos est in urbibus Palaestinae et usque hodie per omnem Judaeam vetus consuetudo servatur, ut in viculis, oppidis et castellis rotundi ponantur lapides gravissimi ponderis, ad quos iuvenes exercere se soleant et eos pro varietate virium sublevare, alii usque ad genua, alii usque ad umbilicum, alii ad humeros et caput, nonnulli super verticem, rectis iunctisque manibus, magnitudinem virium demonstrantes, pondus extollant."

[2] ܝܩܝܪ = gravis, oder nach dem Codex Pešittae bibliothccae Ambrosianae Mediolanensis ܝܩܝܪ = gravitas (cf. HERKENNE, p. 92), und משא reflektiert sich auch in dem Genetiv ἰσχύος, den die Codices 23 und 53 sowie die versio Armeniaca und Sahidica bezeugen.

Prüfung von Stellen, die den von SCHECHTER und TAYLOR herausgegebenen Blättern entnommen wären, nachzuweisen, dass die Versionen nicht die Quelle von H gebildet haben können. Dies ist auch von SMEND in der Theologischen Litteraturzeitung (Nr. vom 2. Sept. 1899) in Bezug auf 12 9 und 13 6 gezeigt worden, und er hat ausdrücklich bemerkt, dass nach seinem Urteil auch die neuen Fragmente das Original des hebräischen Sirachbuches und nicht eine Rückübersetzung enthalten.

Aber ich will unter diesem exegetisch-vergleichenden Gesichtspunkt auch noch einige Partien zu beleuchten versuchen, die aus den von COWLEY und NEUBAUER veröffentlichten Blättern gewählt sind.

In 40 16b haben sowohl G (πρὸ παντὸς χόρτου), wie S (ܡܝܐ ܠܟ ܦܝܡ), „vor jeder Pflanze." Ist das die Quelle von „wegen" (מפני s. o. S. 30) oder „vor (Randbemerkung!) jedem Regen" (מטר)?

Ferner 42 11f existiert nicht in G oder VL und lautet in S: „Und inmitten von Häusern (ܒܚܕܬܐ) soll sie (ein junges Mädchen) nicht herumgehen" (ܠܐ ܬܐܙܠ ܣܝܒܪ). Wie konnte daraus entstehen, was H in 42 11f bietet: ובית מביט מבוא סביב, d. h. „und — nicht[1] soll es[2] sein — ein Haus (oder Raum), das auf die Eingänge rund umher blickt"? — Dieselbe Unmöglichkeit liegt in 42 15cd vor, wo H meint: „Durch das Sprechen Gottes (Gn 1 3 etc.) entstand — nur — das, was er wollte" (רצונו, cf. Gn 1 31), und den, der Seinen Willen thut, ihn[3] nahm — und nimmt — er an", wie z. B. betreffs des Henoch ebendasselbe Verbum לקח gebraucht ist in den Worten „denn Gott nahm ihn" (לקח Gn 5 24 und Sir 44 16!). In G heisst 42 15c mit Erleichterung des Sinnes: „Durch

---

[1] Die negierte Aussage אל יהי von 11e wirkt nach (cf. m. Syntax § 352 u).

[2] Der vorher in 11e erwähnte Wohnraum eines jungen Mädchens.

[3] לקחו kann das wieder aufnehmende Pronomen (ar-râbiṭu) enthalten, das oft hinter Casus absolutus erscheint (m. Syntax § 341cd e).

Worte des Herrn seine Werke," und fehlt 15d, und in beiden Beziehungen stimmt VL mit G vollkommen überein, S aber lautet: „Durch sein Wort wurden geschaffen (ܒܡܠܬܗ) seine Werke (15c), und alle seine Geschöpfe thun seinen Willen" (15d). Man braucht nur das Eine zu sagen: Wenn in 15c das Verbum „sie wurden geschaffen" dem H vorgelegen hätte, würde er es nicht übergangen haben, und dass ein entsprechendes Verb nicht im Original existierte, bezeugen G und VL „in sermonibus Domini opera eius."

Auf die Aussage „Die Sonne lässt, wenn sie aufgeht, hervorquellen den Lichtstrahl" (43 2a s. w. u.) folgt in H der Ausruf`„Wie erstaunlich sind die Werke Gottes!" Denn נורא ist von seinem ursprünglichen Sinn „furchtbar" zu der Bedeutung „wunderbar" übergegangen (Ps 45 5, 65 6, 139 14 etc.). Die Übersetzung „how terrible" (MARGOLIOUTH, p. 16) ist in 43 2b nicht die wahrscheinlichste, weil חמה im vorhergehenden Stichos den Sinn von „Lichtstrahl" besitzt. Denn die erleuchtende Wirkung der Sonne wird naturgemäss als ihre erste Wohlthat hervorgehoben (siehe darüber noch weiter unten!).

Aber MARGOLIOUTH bevorzugt bei 43 2b überhaupt den Gedanken, der dort von G und S ausgeprägt ist, nämlich „ein wunderbares Werkzeug" (σκεῦος θαυμαστόν, ܡܐܢܐ ܕܬܗܪܐ). Dies that er, weil dann der syntaktische Zusammenhang zwischen 2a und 2b ganz einfach sei. Aber ist dies ein massgebender Gesichtspunkt bei der Beurteilung einer poetischen Schilderung des Sonnenaufgangs? Mir erscheint hinter dem oben aus H übersetzten Satze 43 2a der darauf in H folgende Ausruf „Wie wunderbar sind die Werke Jahwes!" natürlicher. Aber gesetzt, der syrische Stichos 2b „ein Werkzeug von Wunder (ܡܐܢܐ ܕܬܗܪܐ) ist das Werk des Erhabenen" hätte dem hebräischen Rückübersetzer vorgelegen, würde sich dann der Ausruf „Wie wunderbar sind die Werke Jahwes!" erklären? Würde nicht der Genetiv, welcher auf ܡܐܢܐ folgt, den Rückübersetzer abgehalten haben,

an das Wort ܡܐ „was?" zu denken? Besitzt dieses Wort
auch den Sinn „wie, wie sehr!" BROCKELMANN erwähnt diesen
Sinn nur bei der Form ܡܐ. Hätte ferner nicht wenigstens
die persische Übersetzung, die G ersetzt haben soll, den
Rückübersetzer davon abgehalten, den Ausdruck „Gefäss"
oder „Werkzeug" (ܡܐܢܐ) zu verkennen?

Die andere Möglichkeit, dass H in 43 2b die Quelle von
G und S sein könne, ist von MARGOLIOUTH, p. 16 f. gar nicht
ins Auge gefasst worden. Aber wenn wir auch nicht voraussetzen, dass die beiden Worte מה und נורא mit der sogenannten scriptura continua geschrieben waren, demnach wie
מהגורא aussahen, so wollen wir doch einmal die beiden Worte
מה נורא rasch hinter einander lesen! Was hören wir da?
Nun *mān-nôrā*. War es unmöglich, dass auf diese Weise das
syrische *mânâ* (ܡܐܢܐ) und das griechische σκεῦος „Gefäss,
Werkzeug" entstand? Denn zur Zeit von Ben Sira's Enkel
war der Gebrauch von *mânâ* „Gefäss, Werkzeug" sehr häufig
(Esr 5 14 etc., Dn 5 2 f., 23), und wer garantiert, dass die
Übersetzung von Ben Sira's Enkel immer intakt blieb und
nicht hinterher durch Vergleichung anderer Versionen modifiziert wurde?

43 4b beginnt in G und S mit „dreimal", und mit wesentlicher Übereinstimmung sagen sie, dass die Sonne dreimal
(VL: tripliciter) mehr, als ein Schmelzofen, die Berge in
Brand setzt. SCHLATTER und RYSSEL stellen sich auf die
Seite von G und S. Aber ich gestehe, dass der Ausdruck
„dreimal" mir dem Hitzegrad der Sonne nicht zu entsprechen
scheint.[1] Vielleicht ist dieser Ausdruck durch das מהם
„mehr als sie" veranlasst, denn dies ist von S wirklich aus
4a nach 4b hinüber genommen und durch ܠܥܠ ܡܢܗ „über ihn
(den Schmelzofen) hinaus" wiedergegeben worden. Übrigens

---

[1] LÉVI bemerkt p. 65: „G a pris שלוח pour שלש, lu שָׁלֹשׁ, ou מָשְׁלָשׁ
[das letztere Wort ist unrichtig vermutet]. Telle n'avait pas pu être
la leçon primitive."

ist aber jenes מהם am wahrscheinlichsten das Produkt einer
innerhebräischen Textkorruption. Es dürfte aus מַחַם „macht
warm" entstanden sein, wie SCHLATTER, p. 43 vermutete, der
ferner מוצק mit „Guss" übersetzte, und in beiden Beziehungen
mit Recht die Zustimmung RYSSEL's fand. Auf jeden Fall
kann das שלש „dreimal", womit 4b in G und S beginnt,
nicht die Quelle von שולח gewesen sein, das der Text von
H an derselben Stelle bietet, während am Rande שלוח bemerkt ist. In der letzterwähnten Lesart scheint das Original
bewahrt zu sein. Denn der im ersten Moment auffallende
Umstand, dass in 4b das passive Partizip „gesendet" vor
„Sonne" steht, während in 4a נפוח hinter כור folgt, dürfte
sich teils aus der Neigung zu chiastischer Wortstellung, die
auch in H oft hervortritt (4 24f, 7 5, 10, 12 6, 15 2, 45 5ef,
47 11cd, 51 22) und teils daraus erklären, dass die Sonne
ein bereits genanntes Subjekt war. Die jetzige Textlesart
שולח „sendend" repräsentiert einen Rückgang auf „Gott",
der als Schöpfer und Beherrscher der Sonne leicht anstatt
seines Produktes erwähnt wurde, wie ebenderselbe Fall in
5 ab (cf. 2 b) vorliegt. Darnach hätte Ben Sira sagen wollen:
„Sendend die Sonne, setzt er Berge in Brand".

G und S von 43 8d charakterisieren den Mond als
„scheinend am Firmament des Himmels",[1] aber H bietet:
„pflasternd" oder „beleuchtend (siehe darüber weiter unten!)
das Firmament mit seinem Licht." Enthält überdies מזהירתו
nicht מ statt ב, wie מני statt בני gelesen wird in 40 28a?
Über die Wechselbeziehung der Laute m und b vgl. meine
Syntax § 330 m—p!

46 1cd lautet in G: „ὅς ἐγένετο κατὰ τὸ ὄνομα αὐτοῦ (1c)
μέγας ἐπὶ σωτηρίᾳ ἐκλεκτῶν αὐτοῦ (1d).[2] S sagt: „um zu
bringen durch seine Hand (1c) Erlösung für seine Geliebten

---

[1] VL: in firmamento caeli resplendens gloriose.
[2] VL: qui fuit magnus secundum nomen suum, maximus in
salutem electorum Dei.

(1d)", aber in H heisst es: „der gebildet (d. h. geschaffen)
wurde, damit in seinen Tagen sei (1c) grosses Heil für seine
Erwählten (1d)." Es ist klar, dass da H nicht aus jenen
beiden Quellen floss. Ist es ferner zweifelhaft, dass der
Ausdruck نصل! „er wurde bewahrt", der in 1b keinen rechten
Sinn giebt, auf einer Kombination von נוצר „er wurde gebildet" mit נצר „er bewahrte" beruht? — In 46 1f stimmen
die drei Texte in den Worten „um Israel sein Erbe zu
geben" überein, aber S hat ausserdem noch „das Land der
Verheissung", indem er sagt: „und um in Besitz nehmen
zu lassen die Kinder Israel das Land der Verheissung."
Was ist wahrscheinlicher, dass H diesen verdeutlichenden
Zusatz wegliess, oder dass S ihn hinzufügte? — In dem
Stichos 46 13d, der in G fehlt, hat S den Ausdruck ܟܗܢܐ,
das gewöhnliche Wort für „Priester". Aber H giebt nicht
das einfach entsprechende Wort כהן „Priester", sondern
מכהן „das Priesteramt verwaltend." Er wollte nicht sagen,
dass Samuel ein Priester im gewöhnlichen Sinne war, sondern
nur gelegentlich die Priesterfunktion verwaltete. Hat der
„Rückübersetzer" diese feine Verschiedenheit hineingebracht?
— 46 15b fehlt in S und lautet in G: „Und er (Samuel)
wurde erkannt durch seine Treue als zuverlässig in Bezug
auf prophetische Vision" (καὶ ἐγνώσθη ἐν πίστει αὐτοῦ πιστὸς
ὁράσεως). H bietet: „Und auch durch sein Wort wurde er
bewährt (oder bestätigt) als ein Hirt." Dieser letzte Ausdruck רועה ist mit grosser Wahrscheinlichkeit durch eine
innerhebräische Verderbnis des Textes aus רואה „Seher" entstanden. Aber besteht irgendwelche Wahrscheinlichkeit,
dass der „Rückübersetzer" seinen Text aus G geschöpft
hat? Dagegen konnte die Aussage von H sehr leicht so
gedeutet werden, wie sie in G gelesen wird. — In 46 20c
finden wir hinter den Worten „und erhob seine Stimme aus
der Erde in Weissagung", die in den Texten gleichmässig
gelesen werden, in S noch den Satz „um ein Ende zu be-

reiten den Sünden (oder Sündern[1])", und in G lautet der
Zusatz „um die Ungesetzlichkeit des Volkes zu beseitigen"
(VL: delere impietatem gentis). Kann es irgendwie wahrscheinlich gefunden werden, dass ein „Rückübersetzer", wenn
er aus S und G als seinen Quellen geschöpft hätte, den
erwähnten Zusatz ganz weggelassen hätte?
47 3b rühmt nach G und S an David, dass er über
Bären, wie über Lämmer (VL: in agnis ovium), gespottet
habe. H sagt, dass David über Bären gespottet habe, wie
über Söhne d. h. Sprösslinge von Basan. Dieser Ausdruck
„Söhne Basan's" kommt nirgends weiter, als in Dt 32 14,
vor und ist dort Apposition zu אילים „Widder". Diese
sollten auch in Sir 47 3b poetisch durch ihr häufiges und
auszeichnendes Charakteristikum „Basanssprösslinge" ersetzt
werden. Nach meinem Urteil ist es leichter möglich, dass
dieser Ausdruck von G und S, mit Unterstützung des parallelen „Ziegenböckchen" (3a) gedeutet wurde, als dass er von
einem Rückübersetzer eingesetzt worden wäre. Übrigens
ist es eine gewagte Voraussetzung, die MARGOLIOUTH, p. 17
macht, indem er sagt: „Hätte es (der Ausdruck „Basanssprösslinge") in dem wirklichen Original gestanden, so
müsste entweder der Grieche oder der Syrer eine Spur
davon gezeigt haben." Denn dass S und G, wie sie uns
jetzt vorliegen, nicht völlig unabhängig von einander entstanden, ergiebt sich mit grosser Wahrscheinlichkeit schon
aus dem Ausdruck „dreimal", den beide in 43 4b (s. o. p. 42)
bieten. — 47 11cd lautet in S: „Und er gab ihm einen Thron
des Königtums über Israel als König", und in G: „Und er
gab ihm das Statut von Königen und einen ehrenreichen
Thron von Israel."[2] Die Worte von H heissen: „Und er

---

[1] ܚܛܝܐ bezeichnet je nach seiner Aussprache entweder „Sünde"
(chᵉṭåhå) oder „Sünder" (chaṭṭåhå).
[2] διαθήκη βασιλέων bezeichnet die Festsetzung (= Bund), welche
Königen die Erblichkeit ihrer Erbschaft verspricht (cf. VL: et dedit
illi testamentum regni). διαθήκη mit „Gesetz" (SCHLATTER, p. 83) zu

gab ihm eine Festsetzung des Königtums und stellte seinen
Thron fest über Jerusalem". In jedem Falle ist dies keine
„Übersetzung" von S und G.

Innerhalb von Kap. 48 sind z. B. folgende Stellen von
mir als solche notiert worden, welche gegen die Annahme
sprechen, dass H aus S und G abgeleitet sei: 48 16b lautet
in G: „Manche aber vermehrten Sünden"[1] und in S heisst
es: „Und manche von ihnen fügten Sünden zu Sünden."
War es da natürlich, dass ein „Übersetzer" die Ausdrucksweise „und manche von ihnen machten wunderbar (הפליאו)
Ungesetzlichkeit" wählte? — G sagt in 17d, welcher Stichos
in S vermisst wird: „Er baute Wasserbehälter (d. h. Teiche)
für Gewässer" (cf. VL: et aedificavit ad aquam puteum).
Der Text von H, nämlich ויחסום הרים מקוה, kann daraus
nicht geschöpft sein. SMEND, p. 26 vermutet המים „die
Gewässer" als Originalgestalt von הרים „Berge", aber er hat
nicht hinzugefügt, was dann die Worte bedeuten sollen.[2]
Ich meinerseits vermute, dass 17d einen Gegensatz zu 17c
bilden soll. Während dieser Stichos 17c ausgesagt hat, dass
der König Hiskia Felsen durchgraben liess, fügt 17d hinzu:
„Und — andererseits — verstopfte er Berge als einen Platz
für Wassersammlung." Dies konnte von G zu dem Satze
erleichtert werden, der oben angeführt ist. — Der Satz „da
wurden ihre Herzen und Hände erschüttert", wie G in 19a
bietet,[3] würde nicht mit „da zerschmolzen sie in Bezug auf
den Hochmut ihres Herzens" übersetzt worden sein. In S
fehlt 19a.

In 49 6d bietet G „und er wurde im Mutterschoos zum
Propheten geweiht."[4] Als Äquivalent von ἡγιάσθη würde

---

deuten, ist in diesem Kontext, der vom sterbenden David redet,
ungeeignet.

[1] VL 48 18b: alii autem multa commiserunt peccata.
[2] Lévi: et enferma dans les montagnes des bassins.
[3] VL: Tunc mota sunt corda et manus ipsorum.
[4] VL 49 9b: qui a ventre matris consecratus est propheta.

נקדש am nächsten gelegen haben und nicht נוצר „er wurde gebildet.“ Auch ἐν μήτρᾳ ist wahrscheinlich Erleichterung des hebräischen Idiotismus מרחם „vom Mutterschoosse an“. S hat ‏ܗܘܐ‎ „wurde“. Das griechische „er wurde geweiht“ erscheint als eine Modifikation, die der Kontext begünstigte, und das syrische „er wurde“ dürfte eine Vereinfachung des hebräischen „er wurde gebildet“ sein. — Gemäss G würde 49 7b mit לנטע „zu pflanzen“ geschlossen haben, weil dies dem καταφυτεύειν entspricht, dem letzten Worte, das G in 49 7b hat, wie auch die VL den entsprechenden Stichos 9d mit renob(v)are schliesst. Aber H schliesst nicht ebenso mit לנטע, sondern besitzt dahinter noch ולהעז („und stark zu machen“), wie Cowley und Neubauer lesen, oder ולהשיב („und wiederherzustellen“), was Smend, p. 27 bietet.

Zu den Partien von H, welche abraten, diese Gestalt der Sirachsprüche aus S und G abzuleiten, gehört auch z. B. noch 51 13—29.

Ein weiteres Moment, welches gegen die Degradierung von H spricht, ist darin zu finden, dass, wie Margoliouth (p. 20 Mitte) selbst zugiebt, H „das Original einmal oder zweimal wiederherstellt“. Er giebt keine Beispiele. Aber jedenfalls gehört zu ihnen 40 26d. Denn das עמה „in ihrem Besitz d. h. neben ihr“ konnte zwar von G zu ἐν αὐτῷ erleichtert werden, aber S hätte nicht statt des buchstäblichen Äquivalentes von ἐν αὐτῷ, nämlich ‏ܒܗ‎, vielmehr ‏ܥܡܗ‎ („in Gemeinschaft mit ihr“ etc.) gesetzt. S muss also עמה im hebräischen Sirachtext gefunden haben. Folglich repräsentiert das עמה von H den originalen Wortlaut.[1]

---

[1] Auch G. Margoliouth bemerkt in der Edition der zwei von ihm gefundenen Blätter (*Jewish Quarterly Review*, October 1899), p. 2: „It seems to me that when we, for instance, find that the Syriac misreads the Hebrew for *pain of the head* as *pain and poverty* [nämlich ראש als ראש, 31 29: ‏ܡܣܟܢܘܬܐ‎] or *a troup of warriors* as *a young man who resembles a gazelle* [nämlich 36 26a] the textual evidence in favour of the Hebrew being the original must be regarded as very strong.“

d) Umgedreht lässt sich an mehr als einer Spur der Weg erkennen, auf dem die Sirachsprüche zu der Gestalt gelangten, die in G — und S — vorliegt. Oder erscheint der Text von G — und S — nicht an vielen Stellen als die lichtvollere und erleichterte Form der Worte, die H darbietet? Einige Proben mögen beweisen, mit wieviel Recht diese Frage bejaht wird!

Zu den Spuren der Vereinfachung, die bei der Entstehung von G eine Rolle spielte, gehört schon die Erscheinung, dass die monologischen Reden der Weisheit in Besprechung derselben umgewandelt wurden. Denn z. B. die Aussage „der, welcher auf mich hört etc." (H und S) geht parallel mit „der, welcher auf sie hört etc." (G) 4 15. Wenn sich also in 4 16 bei einem Plus von S und G diese beiden Textgestalten dadurch unterscheiden, dass S sagt „wenn er auf mich (ܒܝ) vertraut, so wird er mich besitzen", während G lautet ἐὰν ἐμπιστεύσῃ, κατακληρονομήσει αὐτήν,[1] so ist anzunehmen, dass S entweder die originellere Ausdrucksweise bewahrt, oder ein sekundäres Plus an die monologische Sprechweise assimiliert hat, die bei H und S der Weisheit in den Mund gelegt zu sein pflegt. — Ein ähnliches formelles Moment ist folgendes. In einer überhaupt sehr bemerkenswerten Variante, die in 36 8 H und S gegenüber G besitzen, hat H eine oratorische Frage,[2] aber S, G und VL bieten statt dieser ihr bekanntes lebensloses Äquivalent, einen verneinten Behauptungssatz![3]

Dass עמה „in Gemeinschaft mit ihr" d. h. „in ihrem Besitz" 40 26d zu ἐν αὐτῷ erleichtert wurde, ist soeben auf S. 47 erwähnt worden. Die gleiche Methode wurde befolgt, wenn der Satz von H „durch einen Ausspruch Gottes [ent-

---

[1] VL 4 17: Si crediderit ei, haereditabit illam.
[2] H 36 8: Denn wer will sagen zu Dir: Was thust Du?
[3] S: Denn es geht nicht an (ܠܐ, ܘܠܐ), dass man zu Dir sagt: Was thust Du? — G: καὶ ἐκδιηγησάσθωσαν τὰ μεγαλεῖα σου. — VL 36 10: ut enarrent mirabilia tua.

stand] רצונו d. h. das was ihm gefällt" (42 15c) bei G in der
Gestalt von ἐν λόγοις κυρίου τὰ ἔργα αὐτοῦ[1] auftritt. Ferner
sind die „Basanssprösslinge" von denen H in 47 3b spricht,
in G und S gedeutet (S. 45), vgl. über 42 14b und 43 17c
weiter unten p. 75, 82, und 48 17d erscheint bei G in einer
erleichterten Form (S. 46). Auch das Plus, das H und S
gegenüber G in 51 10a (VL: 51 14a) besitzen, heisst bei H
„denn Du bist der mächtige — Urheber — meiner Errettung",
aber in S stehen die einfacheren und zugleich generelleren
Worte „Herr, Held und Erretter."

Die speziellen Aussagen über den Hohepriester Simeon,
die bei H in 50 24 stehen, nämlich „beständig sei mit Simeon
seine Huld etc.! (s. o. S. 19), sind in G und VL[2] auf das
ganze Volk bezogen und durch diese Generalisierung weniger
auffallend und zugleich verständlicher gemacht. Ist dies
nicht die gleiche Methode, die auch sonst — und ganz
natürlicherweise — bei der Hellenisierung des Alten Testaments befolgt wurde? Sind nicht die אִיִּים „Eulen" (Jes 13 22)
in die Sirenen (σειρῆνες) verwandelt? Ist nicht der spezielle
Satz „Leben werden Deine (d. h. die Dir getreuen) Toten"
(Jes 26 19) durch das generelle „die Toten" (οἱ νεκροί) seines
auffallenden und schwierigen Charakters entkleidet?

Statt der Ausdrucksweise „durch das Wort Gottes"
(בדבר אל 43 10a) finden wir bei S vielmehr „durch die Worte
des Heiligen" (ܒܡܠܬܗ ܕܩܕܫܐ)[3] und bei G vollends die Modifikation ἐν λόγοις ἁγίοις. Diese Ersetzung des Ausdruckes
„Gott" durch „der Heilige" und „heilig" entspricht dem
Lauf der Ideengeschichte, die bei ihrer vielfachen Transcenden-
talisierung des Gottesbegriffs dazu neigte, statt „Gott"
vielmehr „der Heilige (gepriesen sei er!)" zu sagen. Viele

---

[1] VL 42 15c: in sermonibus Domini opera eius; S: durch sein
Wort wurden geschaffen (ܐܬܒܪܝ) seine Werke.
[2] VL 50 26: credere Israel nobiscum esse Dei misericordiam, ut
liberet nos in diebus suis.
[3] VL 43 11: in verbis sancti (!) stabunt ad iudicium.

Belege der gleichen formellen und ideellen Wandlungen, die das übrige hebräische Alte Testament bei seiner Hellenisierung erfahren hat, findet man in meiner „Einleitung ins Alte Testament", p. 115 f., 122—124 verzeichnet.

III.

H vom sprach-, schrift- und litterargeschichtlichen Gesichtspunkt aus betrachtet.

1. Der Ursprung von H nach dem Zeugnis seines sprachlichen Kolorits.

Man weiss, dass der sprachliche Charakter einer Schrift bei der Ermittelung ihrer Entstehungsverhältnisse einen wichtigen Faktor bildet.[1] Daher ist es natürlich, dass man mit hochgespanntem Interesse an die Beantwortung der Frage geht, welches Licht auf den Ursprung von H von dessen sprachlicher Beschaffenheit her fällt. Was aber wäre bei dieser Untersuchung näher liegend, als dass zuerst darnach gestrebt würde, die Stellung zu ermitteln, die H

a) in der Geschichte der hebräischen Sprachentwicklung einnimmt?

Der Versuch, diese Frage zu beantworten, kann zunächst nicht das Ergebnis ignorieren, welches oben S. 4—12 durch die Betrachtung der Quellenauktorität von H gewonnen wurde. Denn weil dabei hinreichend sicher festgestellt wurde, dass die Gestalt von H nicht immer in allen Punkten eine einheitliche war, so besteht die Möglichkeit, dass die Teile der Handschrift B aus Vorlagen von verschiedener Beschaffenheit abgeschrieben sind, und wenn man sieht,

---

[1] Deshalb ist der Natur, den Materialien und der Tragweite des in der Litterarkritik zu führenden Sprachbeweises eine spezielle Untersuchung in meiner „Einleitung ins AT" (p. 147—151) gewidmet worden.

dass das Relativum שׁ nur in 30 11d, 12b, 31 10a, *17b*,[1] *18a b*,
34b, 37 *3a* gefunden wird, während אשׁר in 13 2d, 15 11b, 17b,
16 7a, 15b, 38 13a, 14b, 15a, 27b, 44 20a, 45 23e, 24c, 47 13c, 49 10c,
50 1b, 2a, 3a, 24c, 27c d, 51 8b begegnet: so kann man geneigt
sein, jene Vermutung, die ich soeben aussprach, für mehr
als eine abstrakte Möglichkeit zu halten. Aber auch wenn
man nicht auf diese Möglichkeit rekurriert, so lässt der
sprachliche Charakter von H das Urteil zu, dass er das —
relative — Original der Sirachsprüche enthält.

Denn um mit einem ganz äusserlichen Phänomen zu
beginnen, so entbehrt H nicht ganz der Spuren einer älteren
Orthographie. Man beachte z. B. נוסף (ohne י) 43 27a;
מצות, gemeint als der Plural *miṣwôth*, 44 20a; מלכת = *malᵉkhûth*
47 11a; ירושׁלם V. 11d, während ירושׁלים schon im Alten Testament fünfmal auftritt: Jr 26 18, Est 2 6, 1 Ch 3 5, 2 Ch 25 1,
32 9; נעריך = *nᵉ³ûrăkha* 47 14a. Daneben besitzt H allerdings viele Fälle von scriptio plena (s. o. S. 7). Aber
erstens zeigen auch die ‚späteren Bestandteile des Alten
Testaments einen verhältnismässig häufigen Gebrauch der
Vokalbuchstaben. Man denke an כבודה = *kᵉbuddā* Hes 23 41,
Ps 45 14, oder an הוכה = *hukkā* 102 5 etc. Andere Beispiele
werden in meinem Lehrgebäude 2 347 und von Driver bei
Cowley-Neubauer, p. XXXVI dargeboten. Zweitens wer
kann verneinen, dass die Orthographie von Büchern, die
nicht zum Kanon des Alten Testaments gehörten, bei ihrer
späteren Reproduktion besonders stark modifiziert wurde?
Diese Frage wird z. B. durch folgende Thatsache bejaht.
A. M. Margolis hat zwanzig Seiten einer Handschrift des
Talmudtraktates Megilla,[2] deren Blattränder überdies mit
hebräischen und arabischen Glossen fast überdeckt sind,

---

[1] Die *cursiv* gesetzten Stellen gehören den beiden von G. Margoliouth im Oktober 1899 veröffentlichten Blättern an.

[2] Margolis, The Columbia College Manuscript of Meghilla, with
an autotype facsimile (Newyork 1892).

4*

mit den Varianten von vier andern Handschriften [1] und der editio princeps des babylonischen Talmud [2] verglichen. Das Ergebnis dieser Vergleichung war, dass auf diesen zwanzig Seiten die sechs genannten Textquellen in 1751 Fällen von einander abwichen.

Oder werfen wir weiter einen Blick auf das Gebiet der sogenannten Laut- und Formenlehre!

Hätte ein Späterer eine so naturwüchsige Form gewählt, wie בעלתו 46 16c ist, das בְּהַעֲלֹתוֹ ersetzt? — כיניתה 36 12b kann die suffigierte Pronominalform *áhu* an sich haben (cf. קְרָאֹהוּ etc. Gn 42 38, Jr 20 15, Hes 7 20). Wesentlich in das Gebiet der Lautgeschichte gehört folgende Erscheinung. Der Prophet Jesaja ist in der nachbiblischen Zeit selten durch die längere Form ישעיהו bezeichnet worden. Ich habe dieses *Ješajáhu* in *Diqdûqê ha-ṭᵉʾamîm* § 70 gefunden, und sie steht des Reimes wegen auch in IBN EZRA's *Reimen und Gedichten* 13 4. Aber die lange Form solcher Namen steht ausnahmslos in *H*: אליהו 48 4a, יחזקיהו 17 ff., ישעיהו (*Ješajáhu*) 20d, ישעיהו 49 1a, ירמיהו 6c. In den nachbiblischen hebräischen Schriften ist gewöhnlich die kürzere Form solcher Namen gewählt, wie ישעיה (*Ješaja*) z. B. in *Baba bathra* 14b, *Sôpherîm* 8, § 2. Auch im *Seder ʾolam zûṭa* (ed. Meyer, p. 104f.) wechselt ישעיהו und ישעיה. Ebenda steht das kürzere ירמיה, was nur in Jr 27—29 [3] neben der längeren Form vorkommt, als die gewöhnliche Form, und der Prophet, der in Jr 26 20ff. dreimal ausschliesslich אוריהו heisst, ist auf p. 106 nur אוריה genannt. Auch IBN EZRA († 1167), der mit dem angeblichen Rückübersetzer des Ben Sira ziemlich gleichzeitig gewesen wäre, schrieb in seinen Reimen und Gedichten ausserhalb des Reimes die kürzere Form ישעיה 14 1.

---

[1] Nach RABBINOVICZ's *Variae lectiones in Mischnam* etc.
[2] Die, nebenbei bemerkt, 1516 zu Pesaro erschien.
[3] Alle Stellen siehe in meiner „Einleitung ins AT", p. 342!

ליִרד 30 17d geht parallel mit למות. Die ideelle Verwandt-
schaft des ליִרד mit dem Infinitiv ist also klar, und meine
Meinung, dass die Formen ליטול etc. (Mišna, Berakhoth
2 8 etc.)¹ ein syntaktischer Ersatz des Infinitivgebrauchs
seien,² wird durch den Parallelismus von ליִרד und למות bestätigt. Freilich kann man sagen, dass dieser Gebrauch
sich im alttestamentlichen Hebräisch nicht findet. Aber
sind die sprachlichen Erscheinungen, die wir in der Mišna
beobachten, mit einem einzigen Schlage geprägt worden?
Können ferner einzelne von ihnen nicht auch schon vorher
sporadisch in die Litteratur eingedrungen sein? Konnte
nicht die aramäische Form לֶהֱוֵה (Dn 2 20 etc.; Esr 4 12 etc.)
schon frühzeitig die Wahl von Formen, wie ליִרד, be-
günstigen? — Die Formationen יהלך etc. 12 11a, 13 13a, אהודנו
51 22b, ישנא „er wird ändern" 12 18b, 13 25a, Inf. רפאות 3 28a
besitzen nichts Auffallendes.

Der Nominaltypus *qiṭṭûl* wurde schon in den späteren
Büchern des Alten Testament immer mehr bevorzugt. Siehe
alle Beispiele in meinem Lehrgebäude 2 151, 201, z. B. *šiqqûj*
„Tränkung" Pv 3 8. Daran reiht sich *nissûj* „Versuchung"
Sir 44 20d an. Ebenso verhält es sich mit dem Nominaltypus *taqṭîl*, der nach meinem Lehrgeb. 2 153 nur in Pv
20 30 Qerê, Est 8 15 und 1 Ch 25 8 auftritt. Also ist תחליף
Sir 44 17a, 46 12b, 48 8b kein Zeichen einer späteren Phase
des Hebräischen. — Die Pluralendung *în* ist selten: מכוערין
13 22b. — עוניך 3 15b (neben עונותי 5 4b, 6b) tritt auch in
späteren Schriften des Alten Testaments auf: Jes 64 [5] 6,
Jr 14 7, Hes 28 18, Dn 9 13.

---

¹ ליטול ist Ben Sira in der traditionellen Form seiner Aussagen
(cf. Cowley-Neubauer, p. XXII, Nr. XXVI) zugeschrieben.

² Vgl. meinen Artikel über „das *l*-Jaqtul in den semitischen
Sprachen" in ZDMG 1897, p. 331 ff. Vgl. auch im Tigre (Enno Litt-
mann über die Tigresprache in der Z. f. Assyriologie 1899, § 14a) den
Indikativ Impf. *leqa(tt)el* und den Jussiv *leqtal* etc.

Blicken wir nun in die Sphäre der Sprachverwendung und der Syntax im engern Sinne dieses Wortes!

Die Beziehung von ם auf eine feminine Grösse zeigt sich in 3 26b, wo בהם sich auf טובות bezieht, in 7 24ab (ם repräsentiert בנות) und in 47 19b. Dieser Gebrauch hat nicht wenige Analoga im Alten Testament (siehe meine Syntax § 14).

Auch die Wahl pluralischer Ausdrücke, wie תמימיך „deine Integrität, Unbescholtenheit" 7 6c, שנות „Schlaf" 30 25a und ebenso auf einem von G. MARGOLIOUTH entdeckten Blatte in 31 23a;[1] נקמות 39 30b, צמחים 43 21b, פלאות V. 25a, נקמי 46 1e, הודות 47 8a, יצועים V. 20b (wie Gn 49 4), אשות 48 3b, תמהי V. 14b, hat starke Wurzeln im alttestamentlichen Sprachgebrauch (Syntax § 259a—262g); cf. אנשי שלומיך Sir 6 6 nach Saadja.

Der Genetiv wird in ganz normaler Weise durch den Status constructus, oder durch ל (14 12c, 42 21d, 45 6a, 25b) angezeigt. Wir finden nicht die Ersetzung des Status constructus durch vorausnehmendes Pronomen etc., wie wir sie in Nm 1 21 etc. (Syntax § 284a—e) lesen. Wir haben in den neuentdeckten hebräischen Sirachtexten auch keinen Fall, wie z. B. שלוחו של אדם „der Beauftragte des Menschen" (Mišna, Berakhoth 5 5), obgleich der Gebrauch dieses Wortes של dem Ben Sira in der Tradition seiner Aussprüche fünfmal zugeschrieben ist: cf. bei COWLEY-NEUBAUER, p. XIX ff., Nr. XIV. XLIII. LVIII. LIX. LXVIII, sodass er דעתו של אדם in 40 19, oder ממונו של אדם in 40 25 gebraucht hätte. Die Vermeidung dieses Genetivexponenten של wäre bei einem „retranslator" im 11. Jahrh. um so auffallender, da dieses Genetivzeichen in der nachbiblischen Litteratur der

---

[1] S 31 20a: ܠܐܝܐ, Fritzsche 34 20a: ὕπνος. G. MARGOLIOUTH, p. 14, 31 ist geneigt, diesen Plural שנות auf „a copyist's error" zurückzuführen. Aber er hat 30 25a übersehen, und wenn auch שנות „Schlaf" selbst nicht im Alten Testament auftritt, so doch der synonyme Plural תְּנוּמוֹת „Schlummer" dreimal: Pv 6 10, 24 33, Hi 33 15.

Juden herrschend war und z. B. auch in der wirklichen
Rückübersetzung des Buches Tobit [1] getroffen wird: אביהם
של ישראל p. 19, Z. 21.

Der Akkusativexponent את fehlt in ידו 47 4c, was ein
Zeichen des früheren Sprachgebrauchs war (Syntax § 288a—c).
Andererseits besitzt את איש וג' (V. 5c) Parallelen in Ex
28 9a etc. (§ 288h). ל als Zeichen des Akkusativ (4 7a, 11b,
51 12c) kommt ziemlich häufig im späteren Alten Testament
vor [2] und nicht bloss z. B. im Seder ʒolam zûṭa [3] (ed. Meyer),
p. 108, oder in Tobit, p. 24, Z. 10.

Die Bevorzugung des indeterminierten Wortes ist so
gross, wie in den poetischen Partien des Alten Testaments
(S. § 292a—l). Denn wir lesen ארץ 40 11a (cf. § 292a), רשע
40 10a, 15a b und צר „Bedränger“ 46 18a, welche beiden Wörter
die ganze Kategorie bezeichnen (§ 292f); דבר 43 27b (§ 294b);
קלע על 47 4c wegen Gebräuchlichkeit dieses Ausdrucks
(§ 294f g); auch hinter כל in כל כבוד 40 27b und in feststehen-
den Ausdrücken, wie כל בשר 39 19a, 41 4a, 44 18b, 23g, 48 12f,
sowie in כל חי 40 1d, 42 1d, 8d, 43 25b, 45 16a, 46 19e (cf. § 294f,
Anm.), während in 48 24a statt אחרית vor ה gewiss האחרית
(τὰ ἔσχατα) beabsichtigt war. [4] Würde auch ein Rückübersetzer im 11. Jahrhundert einen solchen hohen Grad von
Neigung zur poetischen Vermeidung des Artikels besessen
haben? Diese Frage lässt sich nicht sicher bejahen, z. B.
nach dem Gedicht, das *Mibchar ha-peninîm* betitelt ist und
dem Ibn Gabirol, einem Dichter des 11. Jahrhundert zugeschrieben wird (editio von 1739), cf. הארץ etc. fol. 4a b.

---

[1] Ed. Ad. Neubauer in *The Book of Tobit*, p. 17—35.

[2] Siehe alle Fälle in meiner Syntax § 289b—m.

[3] G. Dalman, Aramäisch-neuhebr. WB. giebt übrigens זוטא zôṭa
„klein“.

[4] Das מן הארץ, welches nach Genesis rabba VIII für 38 4a vermutet werden könnte, ist unsicher. So schrieb ich vor Schechter-
Taylor's Publikation der neuen Fragmente, und in der That zeigt H
dort das indeterminierte מארץ.

Der Artikel in קטרת סמים הממלח (49 1b) hat seine Analogien in Lv 24 10 etc. (Syntax § 334n—q). Nach Chagîga 16a, 30b stünde das entsprechende יצר הרע in Sir 5 4, 21 11. Die erstere Stelle ist nun auch aus H veröffentlicht worden, aber sie enthält nicht יצר הרע und lautet überhaupt anders.

Voranstellung des attributiven Adjektivs zeigt sich in נבון גבר 7 25b, in רב כבוד 44 2a und רבות צרות 51 3d. Für רב שיח, das nach Saadja in 13 11b stand, erscheint in H רב שיחו, und darin kann רב (*rob*) gemeint sein. Diese Voranstellung bahnte sich gerade bei dem häufigen רַב (*rab*) auch im Alten Testament schon an (cf. Jr 16 16 etc. in § 334x). Aber H zeigt nicht vorangestelltes זה, wie wir es bei זה הבחור etc. sehen in Tobit p. 28, Z. 14; Ibn Ezra's Reime und Gedichte[1] 4 17.

Fälle des *Casus pendens*, wie in 16 1ab, 14 6a, 16 14a, 39 29, 40 29a b, 46 11d, 49 13a, sind auch im Alten Testament nicht selten (Syntax § 340c, 341g). Das nachfolgende כלם (*kullām*) von 39 16a, 33a findet sich in Nm 16 3 etc. (Syntax § 340k).

Imperfectum consecutivum liest man z. B. in ותעיד 4 11b, was hinter einem Perfekt der allgemeinen Erfahrung steht (Syntax § 366b) und daher durch das präsentische مطلبا ("und sie [die Weisheit] erleuchtet") wiedergegeben werden konnte. Ferner finden wir es in וישלם 31 10; ויט 43 23b, וישבתו 44 9b (= حبسه!) 23cdf, 45 2b, 3bc d, 5abc etc., 46 5c, 9a, 47 4b etc., 22e (!), 48 17c. Dagegen Perfectum copulativum, d. h. *weqatal* mit vergangenheitlichem Sinn, findet sich in והתבוננתי "und ich war aufmerksam" etc. 39 32b, 44 2b, 16a, 20b (während והשמע in 48 7a verschrieben ist statt השומע) 48 11a, 12d. Perfectum consecutivum findet man in וגליתי "und ich werde enthüllen" etc. 4 18b, 19, ואמרת 5 6a,[2] wo auch

---

[1] *Reime und Gedichte des Abraham ibn Esra*, ed. Rosin 1885.
[2] In der Form ואמרתה nach Saadja bei Cowley-Neubauer, p. XX zitiert (= καὶ μὴ εἴπῃς, VL: et ne dicas; S vermeidet es).

die Negation אֵל in ganz normaler Weise (Syntax § 352v)
nachwirkt, 6 3b, 27b, 28b, 37a, 12 18a etc., וְהָיִית 42 1c, 8c (καὶ
ἔσῃ), וְהוֹבִישְׁתָּךְ 11 d (= Impf. حبسل). Die Vermeidung des
Perfectum consecutivum durch den Gebrauch des *wejaqtul*,
wie sie in יוֹרִישׁ וַיְהֹפֵךְ 39 23 sich zeigt, begegnet uns auch
innerhalb des Alten Testaments in parallelen Sätzen, z. B.
Hi 15 2b etc. Überhaupt alle diese Erscheinungen samt dem
Übergang eines Imperfectum consecutivum, das von seinem
„und" getrennt wurde, in das Perfekt (47 18d, 48 2b) werden
auch im alttestamentlichen Tempusgebrauch gefunden (siehe
Syntax § 368q r, 370d e l—s). Aber fraglich ist es, ob die
Tempora consecutiva so, wie es in H vorliegt, von einem
Rückübersetzer des 11. Jahrhunderts gebraucht worden
wären. Denn allerdings findet sich speziell das Imperfectum
consecutivum in Schriften dieser Zeit nicht selten, und zwar
hauptsächlich die gebräuchlichsten Formen, wie וַיֹּאמֶר, aber
sogar vergangenheitliches וְאָמַר liest man in dem *Mibchar
ha-peninîm*, fol. 2b etc., und in der wirklichen Rückübersetzung des Buches *Tobit* beobachtet man neben Imperfectum consecutivum (p. 17, Z. 4 etc.) auch das vergangen-
heitliche וְהָלַכְתִּי 17 15, וְקָרָאתִי etc. 18 3, 6, 8, 18, 19 7, 16, 20 11,
12, 15—17, 19, 21, 4—6, 11, 15 etc., z. B. noch 27 9, 20, 29 15,
30 17, 33 12,[1] und die Vermeidung des Perfectum consecutivum ist dort hauptsächlich auffallend in 25 4f., 14f., 26 16,
28 6, 30 21.

Der asyndetische Relativsatz, der in der arabischen
Grammatik *Ṣifa* heisst,[2] zeigt sich häufig, wie in עֵת יִפְקְדוּ
39 30d, „die Zeit (wo) sie erfordert werden" (vgl. das Relativ
in حرّل وصفٍ 31a!) 40 11a, 42 1a, 43 30a, 48 5a. Eine *Ṣila* (siehe
darüber in m. Syntax § 380h) findet sich in סִיר אֲשֶׁר etc.

---

[1] Die Vermeidung des Impf. consecutivum ist auch im Seder
ʒolam zûṭa überaus häufig, vgl. z. B. p. 108: וַיָּמָת (und er starb), וַיַּעֲמֹד,
וַיַּעַל etc.

[2] Die Erklärung dieses Ausdrucks findet man in m. Syntax
§ 380c.

13 2d, 15 17b, 16 15b, aber das הַיקוּם אשר, was in einer traditionellen (COWLEY-NEUBAUER, p. XXVII, Nr. LIX) Parallele
von 40 25 vorliegt, ist nicht durch H bestätigt worden.
Übrigens das Relativ שׁ findet sich in *1 Chronika* 5 20, 27 27,
zeigt sich in *H* gegenüber 21 אשׁר nur achtmal (siehe die
Stellen oben p. 51), ist aber in dem nach meinem Urteil[1]
hinter dem *Sirachbuch* entstandenen *Qoheleth* ganz herrschend,
ist meist in der *Mišna* gebraucht (siebenmal gleich in *Be-
rakhôth* 1 1), ist ganz gewöhnlich in dem *Mibchar ha-peninîm*,
einer dem IBN GABIROL (im 11. Jahrhundert) zugeschriebenen
Dichtung, fol. 2a b, 3a b etc. in der Ausgabe von 1739, und
ebendasselbe שׁ findet sich sehr häufig in der wirklichen
Rückübersetzung des Buches *Tobit*, p. 17, Z. 5 etc. 18 21,
20 4, 21 10, 22 6, 17, 21, 25 4, 21 etc.

In H überwiegt ferner der Gebrauch der Konjunktion
כאשׁר „wie, sowie, wann, als". Denn wir treffen dieses in
4 27b, 12 12e [cf. באשׁר 15 16] 30 20b, 36 4a. Aber wenn man
einmal das synonyme כשׁ findet (30 12b), liest man diese
Konjunktion nicht zweimal im *Qoheleth* (9 12, 10 3)? Sodann
lesen wir in H תמור ‖ כ 4 10b, כדי „nach Genüge d. h. entsprechend" (13 9b), oder כיוצא בו „entsprechend ihm" (38 17b),
oder אילו „diese" (51 24a). Können aber diese Formen nicht
schon vor der schriftlichen Fixierung der Mišna in Gebrauch
gewesen sein? Müssen sie erst in dem Moment entstanden
sein, wo sie in den uns übrig gelassenen Resten der Litteratur-
sprache konstatiert werden können? Und trägt denn die
Sprache der neugefundenen hebräischen Sirachtexte d u r c h -
a u s mišnischen Charakter? Fehlen in diesen Texten nicht
gar manche Erscheinungen, die in der Sprache der Mišna
und der späteren hebräischen Schriften ganz gewöhnlich
sind? Ich denke hauptsächlich an die häufige Verwendung
der auf *n* auslautenden Pronominalformen statt der mas-
kulinen Form, z. B. לָהֶן ist auf ein Maskulinum bezogen in

---

[1] Den Beweis siehe in m. „Einleitung ins AT", p. 432—135.

Pe'a 6 6, 10, vgl. weiter אוּרָן שֶׁל חכמים „das Feuer der Weisen" Aboth 2 10; שְׂכָרָן שֶׁל צדיקים „der Lohn der Gerechten" 2 16, wie הַן der Repräsentant von דברים ist in 5 6, und כניסתן etc. „immigratio eorum" etc. bezeichnet in Seder ʒolam zûṭa, p. 101. 102. Wie ferner schon oben p. 54 bemerkt wurde, entbehrt H auch gänzlich der Bezeichnung des Genetivs durch vorausnehmendes Pronomen und שֶׁל, die schon in der Mišna häufig ist; etc.

In der wirklichen Rückübersetzung des Buches *Tobit*, deren Vergleichung mit dem H des Sirachbuches begreiflicherweise besonders nahe liegt, finden sich folgende Spracherscheinungen: אנו „wir" p. 34, Z. 18, der herrschende Ausdruck von „wir" im Neuhebräischen; מאיזה „ex quo?" 26 5 (vgl. אֵי מִזֶּה im Alten Testament: Jon 1 8 etc.); — den Verbalstamm *Nithqaṭṭel* in נתברכו 24 4 und נתרפא 32 20; — *l*-Jaqtul (s. o. p. 53) in לירש 22 21 und לידע 26 7; den Inf. לרפאת 23 4; die Endung *în* in מזיקין 22 16, חייבין 34 18 und דוחין 22; — בעבור (3 8), 38 5b, 51 20f. (s. u. p. 84), על עסק und בשבל „wegen" 21 12, 29 12, 21; אבל „aber" 29 1; ש קודם und ש טרם „bevor" 22 9, 28 9, 29 2; כש „als" 30 17; — den Gebrauch des Plurals in עניי (Status constr.) 23 17 und נסים 35 1; — אותו כסף 26 22, also das hervorhebende אותו (vgl. darüber meine Syntax § 41, 340p); עולם „Welt" 22 22, 28 9; die Gottesbezeichnung הקב"ה (*ha-qadoš barûkh hû'*) 18 18, 19 19, 24 11, 26 15, 33 20, und man trifft sogar המקום „der Ort" anstatt „Gott" 29 18. [1] — Auch die Vergleichung des *Mibchar*

---

[1] Nur anmerkungweise frage ich: Wäre im 11. Jahrhundert الله „Gott" (40 26c, 45 19a, 46 6d, 10d, 47 11a) nicht durch das genau entsprechende אל, sondern durch *Jahwe* (יוי) wiedergegeben worden? — Dabei erlaube ich mir, einige religionsgeschichtlich interessante Momente von H anzufügen: ענוה (Zeph 2 3, Ps 18 36, cf. 45 5, Pv 15 33, 18 12, 22 4) liest man in 3 17a, 4 8b, 13 20a (übrigens auch in Mišna, Pea 1 2, 6 7); vgl. „den ענוים (ʒ*Anawîm*) enthüllt er (Gott) seinen Plan" (3 19b), wie Amos (3 7) in Bezug auf die Propheten (*Nebî'îm*) gesagt hatte! — צור „Fels" als Gottesbezeichnung 4 6b; „Gott wird dich nennen Sohn" 4 10c; בשר ודם „Fleisch und Blut" (= Mensch)

ha-peninîm ist besonders interessant, weil es wahrscheinlich aus demselben 11. Jahrhundert stammt, in das von MARGOLIOUTH die „Rückübersetzung" des Sirachbuchs verlegt wird. Da lesen wir אבל „aber" (fol. 2b, 5b) und כדי ש „damit" (fol. 4b). Ferner in einem „nichtmetrischen" Gedicht von HAI GAON (abgedruckt bei Dukes, Ehrensäulen und Denksteine, p. 7. 96ff.) finden wir סדום statt שדום, Zeile 100; תהי statt תהיה 5, 11, 49, 64, 111, 124; יהי statt יהיה 40, cf. 66, 116, 90; כאלו „wie wenn" 33, 62, einfach = „gleich" 40, 83; לבל „damit nicht" 104f.

Also soweit der sprachliche Charakter des H bis jetzt betrachtet ist, erfordert er nicht, diese Form des Sirachbuchs aus der letzten biblischen Entwicklungsperiode des Hebräischen wegzurücken. Im Gegenteil machen mehrere Charakterzüge des in H vorliegenden Hebräisch, wie z. B. die Formen *Ješaȝjáhu* etc., die Bezeichnung des Genetivs und der seltenere Gebrauch von ש, es wahrscheinlich, dass das Hebräisch von H — auch wenn die Möglichkeit einzelner sekundärer Modifikationen nicht urgiert wird — nicht aus der nachbiblischen Zeit stammt.

Dieses Ergebnis wird indirekt auch durch eine Vergleichung von H und den Sentenzen bestätigt, die in der späteren jüdischen Litteratur mit dem Namen Ben Sira's verknüpft werden. Denn da zeigt sich, dass die sprachliche Form dieser traditionellen Sirachsprüche mehr die Charakteristika des nachbiblischen Hebräisch an sich trägt. Dies ist oben p. 54f. in Bezug auf die Bezeichnung des Genetivs und den Gebrauch des Artikels nachgewiesen worden. Dieses Verhältnis, welches zwischen H und den Sirachsprüchen waltet, die in der mündlichen und spät schrift-

---

14 18c (Matth 16 17 etc.). Einerseits erschallt eine Warnung vor Idololatrie in 5 8 und andererseits der Zuruf an Gott „Lass deine Propheten zuverlässig sein!" 36 16b, cf. ἕως τοῦ ἀναστῆναι προφήτην πιστόν (1 Makk. 14 41)!

lich fixierten Tradition aufbewahrt wurden, entspricht nun
ganz der Natur der Sache. Oder war es nicht natürlich,
dass die Form von Sprüchen, die von einer Generation zur
andern weitergegeben wurden, sich dem Fortschritt der
Sprachentwicklung assimilierte? Auf ähnliche Weise erklärt
sich ja auch der Umstand, dass die traditionierten Sentenzen,
die mit Sir 39 15—49 11 parallel gehen (cf. 39 25, 40 19, 25, 29,
42 9, 10), nirgends mit G und S vollständig übereinstimmen.
Diese Differenz ist wahrscheinlich aus zwei Quellen geflossen.
Auf der einen Seite konnte die hebräische Form der Ben
Sira-Sprüche sich in der mündlichen Tradition der Jahrhunderte leicht verändern, und auf der andern Seite konnten
die Übersetzungen durch Kontraktion von synonymen Sätzen
(wie z. B. in 42 9, 10) eine neue Gestalt der Sentenzen
schaffen. Übrigens ergiebt sich auch aus diesen Erwägungen,
dass die Verschiedenheit, die sich zwischen der Form der
jüdischen Sirachzitate und den Worten von H findet, nichts
gegen die Originalität von H beweist.

Durch die komparative Würdigung des Charakters,
den das Hebräisch von H an sich trägt, und durch dessen
Einreihung in die Sprachgeschichte hoffe ich auch die Ansicht als unbegründet erwiesen zu haben, zu der sich Lévi
angesichts der durch Schechter und Taylor herausgegebenen Teile von H gedrängt fühlte. Er stösst nämlich
am Schlusse eines gegen Margoliouth's Broschüre ge-
richteten Artikels[1] folgenden Stossseufzer aus: „A la dernière
heure, nous recevons l'édition des nouveaux fragments
découverts par Monsieur Schechter. Hélas, il faut nous
rendre à l'évidence: le texte hébreu, qui a son intérêt, ne
saurait plus être considéré comme l'original; il peut uniquement servir à le reconstituer." Wenn er damit nur dies
meint, dass die vorliegende Form von H eine Gestalt des

---

[1] Der soeben in der *Revue des Études Juives* 1899, p. 306—308
erschien und dessen Hauptsätze weiter unten zitiert werden sollen.

Sirachbuchs enthalten dürfte, die in Bezug auf Orthographie und andere einzelne Elemente von der wirklichen Urschrift abweichen kann, also nur ein relatives Original darstellt, so mag er Recht haben. Wenn er weiter geht, muss ich sein Urteil für ein unwahrscheinliches Extrem halten. Doch dürften zwei Elemente aus den oben angeführten Worten Lévi's darauf hindeuten, dass er jenem ersteren Urteil zuneigt. Das erste darauf hindeutende Element ist der Satz „qui a son intérêt." Er spricht also dem Text von H nicht das Interesse ab. Und sodann wie könnte der Text von H „servir à reconstituer l'original", wenn er nicht eine irgendwie selbständige Beziehung zum Original besässe?

b) Vom zweiten vorchristlichen Jahrhundert braucht H auch nicht wegen seiner Beziehung zum Aramäischen weggerückt zu werden.

Als aramaisierende Elemente von H kommen hauptsächlich folgende Ausdrücke in Betracht: נתקל „er wankte oder strauchelte" 13 23c; התקילני „er hat mich zum Wanken gebracht" 15 12a; תקלה = σκάνδαλον 31 7a; אל תתקל „strauchle nicht!" 32 20b; יתבעבע „er freut sich" 14 4b; שעיות „Gespräche" 38 25d; הודאה „Dank" 51 17b.

Aber erstens ist zu bedenken, dass das Verbum תקל „wanken, straucheln" zwar aus dem aramäischen Sprachgebiet entlehnt ist, wie z. B. וְיִתְקְלוּן „und straucheln werden" im Targûm von Jes 8 15 beweist, dass aber dieses Verbum ganz nach den Normen der hebräischen Grammatik behandelt ist. Denn es ist nicht bloss das Hiqţîl, sondern auch das dem Aramäischen ganz fremde Niqţal von diesem Verb (13 23c) gebildet. Und finden sich zweitens Elemente, die im aramäischen Sprachgebiet heimisch sind, nicht auch in alttestamentlichen Schriften, welche vor und nach der Zeit Ben Sira's entstanden? Man denke an das Verb קִבֵּל „empfangen", das nur in Pv 19 20, Hi 2 10, Est 8 30, 9 23, 27, 1 Ch 12 18, 21 11, 2 Ch 29 16, 22, wie im Aramäischen (Dn 2 6, 6 1, 7 18), verwendet ist! Ferner sind unter den vielen

Aramaismen, die WILDEBOER im Buche der Proverbien findet,[1] doch wenigstens einige zweifellos und auffallend: עלס „sich freuen" 7 18, wie noch Hi 20 18, 39 13; חסד „Beschämung, Schande" 14 34, wie noch 25 10, Lv 20 17; נָטַל 27 3 „Schwere, Last", wie נטל in der Mišna und im Aramäischen „schwer sein" bedeutet; פִּנַּק „verzärteln" 29 21; בַּר „Sohn" 31 2. Ist deshalb das Buch der Proverbien erst in der Zeit nach der Fixierung der Mišna entstanden? WILDEBOER selbst datiert jenes Buch aus dem „Anfang der griechischen Periode."[2] — Sodann im Qoheleth beachte man nur z. B. folgende Aramaismen: כְּבָר „längst" 1 10, 2 16, 3 15, 4 2, 6 10, 9 6 f.; פֵּשֶׁר „Auslegung" 8 1 (= פִּשְׁרָא in Dn 2 4b—7 16); עָבַד „Werk" 9 1 (cf. Esr 4 24 etc.; Dn 2 49, 3 12); גוּמָץ „Grube" 10 8; בטל „aufhören, feiern" 12 3 (aramäisch in Esr 4 21, 23f., 5 5, 6 8).[3] Nun ist das Buch Qoheleth nach meinem Urteil[4] im Anfang des ersten vorchristlichen Jahrhunderts entstanden, aber jedenfalls wird man dieses Buch doch trotz seiner determinierten Aramaismen nicht in die nachmišnische Zeit verlegen.

c) Beziehung von H zum Arabischen.

Die Trümmer des letzten Wortes von 40 26d sind von COWLEY-NEUBAUER zu מטמ[ון] „Schatz" ergänzt worden, und dies entspricht sehr gut ·dem parallelen מחסור „Mangel, Bedürfnis" (26c). Aber SMEND bietet als Schluss von 26d vielmehr מעין, und MARGOLIOUTH, p. 7 bemerkt, dass dies sei

---

[1] WILDEBOER, „Kurzer Handcommentar" zu den Prov. (1897), p. XIV.

[2] WILDEBOER im „Kurzen Handcommentar" zu den Prov., p. XIII und in De Tijdsbepaling van het Boek der Spreuken (Separatabdruck aus „de Verslagen en Mededeelingen der Koninklijke Akademie van Wetenschappen, Afdeeling Letterkunde, 4e Reeks, Deel III") 1899, p. 13: „De verzamelaar van het geheel, d. i. de schrijver van Hfdst. [Hoofdstuk] 1—9, leefde tusschen 300 en 250 vóór Chr."

[3] Vgl. noch andere Beispiele bei Siegfried im „Handcommentar" zu Qoheleth (1898), p. 19f.

[4] Die Beweisführung siehe in m. „Einleitung ins AT", p. 432—435.

„the equivalent for the Greek „„help"" [βοήθειαν] and Syriac
„„helper"" [ܡܥܕܪ]. That word (unknown in this sense in
Hebrew, Chaldee or Syriac) is ... given in Syro-Arabic
glossaries". Aber diese Bemerkung ist überflüssig, und alles,
was darauf gebaut ist, stürzt zusammen, wenn מעון das
Schlusswort von 26d war, und dafür kann das von COWLEY-
NEUBAUER gelesene ו sprechen. Übrigens waren ו und י in
früheren Perioden der hebräischen Schrift oftmals an Länge
einander ganz ähnlich (vgl. den Beleg aus CHWOLSON's
Corpus inscriptionum hebraicarum, col. 420 in meiner „Einleitung", p. 74. 152). Das Wort מעון ist in Ps 90 2, 91 9 mit
καταφυγή wiedergegeben, und dies ist ein Synonymum von
βοήθεια, das G in 40 26d setzte.[1]

In 42 11e sagt H: „Der Ort, wo sie (deine Tochter)
sich aufhält, möge nicht ein vergittertes Fenster sein."
אֶשְׁנָב ist ähnlich dem, was wir „Jalousie" nennen, in Ri 5 28,
Pv 7 6, und der Sinn, jenes Ratschlages scheint mir — gerade
im Hinblick auf Pv 7 6 — der zu sein, dass ein junges
Mädchen nicht eine Fensternische zu ihrem gewöhnlichen
Aufenthaltsort wählen möge. Aber in S lautet 42 11e: „Am
Ort, wo sie wohnt, lass sie nicht ausgehen." In G und VL
fehlt dieser Stichos. MARGOLIOUTH, p. 15 meint, dass der
„Rückübersetzer" das syrische Verb š°baq (in ܠܐ ܬܫܒܩ ll „lass
sie nicht!") missverstanden und fälschlich mit dem „familiar
Arabic shubbak"[2] kombiniert habe. Dies ist geschehen,
obgleich jenes syrische Verb mit dem emphatischen q (ķ,
ķoph) und dieses arabische Substantiv mit dem gewöhnlichen k (kaph) gesprochen wurde? Ist es da nicht wahr-

---

[1] VL 40 27b: adjutorium. Eine „Person" als „Helfer" (SCHLATTER)
wird in 40 26d nicht durch den Parallelismus nahe gelegt. LÉVI liest mit
W. BACHER מ[שע]ן „soutien". RYSSEL stimmt COWLEY-NEUBAUER zu.

[1] FREYTAG, Lex. ar.: شباك (šibâkun) „fenestrae reticulatae"; —
LANE, Arabic-English dictionary, p. 1498c: „شُبَاكَة, or شُبَّاك, a thing
formed of grating, or lattice-work, and [particularly] a window so
formed."

scheinlicher, dass der˙ Ratschlag, den jener Satz des H
42 11e giebt, vom syrischen Übersetzer gemildert wurde?
Dies wird noch durch zwei andere Umstände empfohlen.
Erstens enthält der syrische Satz 42 11e einen Widerspruch
in sich selbst. Denn wo anders soll ein junges Mädchen
ausgehen (d. h. seine Wohnung verlassen), als an dem Orte,
wo es wohnt? Dieser erste Teil von 11e (ܠܡܦܩ, ܠܠ) passt
nur zur hebräischen Form dieses Stichos und wurde bei-
behalten, obgleich man den Schluss milderte. Sodann wird
jenes Urteil dadurch unterstützt, dass der nächste Stichos (11f),
der ebenfalls in G und VL fehlt, nicht aus dem Syrischen
übersetzt sein kann. Denn S sagt in 11f: „und inmitten der
Häuser soll sie nicht herumgehen" (ܒܝܬܐ ܠܠ ܠܐܘܐ ܢܦܠ). Aber
H lautet in 11f: „*und* (der Ort, wo sie weilt, sei auch nicht)
ein Haus (oder ein Raum), *das auf den Eingang rund herum
blickt.*" MARGOLIOUTH, p. 16 meint, dass die Beobachtung
dieser Regel entweder ganz unmöglich gewesen wäre, oder
wenigstens dem Vater, der eine Tochter bekommen hätte,
einen Umbau seines Hauses aufgebürdet haben würde. Aber
diese Sorge dürfte nicht ganz begründet sein. Denn der
Text kann voraussetzen, dass es mehrere Zimmer in einem
Hause giebt, und der Ratschlag von H kann dahin zielen,
dass nicht gerade ein solcher Wohnraum für ein junges
Mädchen gewählt werden soll, der den Ausblick — und
Einblick — nach — und von — allen Seiten gestattet.[1]

In 43 4c bietet H die Worte לשׁאון מאור תגמר נושׁבת,
und MARGOLIOUTH, p. 7 übersetzt sie mit „blowing out a
tongue of light which blazes." Er nimmt demnach נושׁבת
als aktives Partizip eines transitiven נשׁב und übersetzt
„herausblasend". Aber erstens begegnet dieses nur als
intransitives Verb im Alten Testament (Jes 40 7), während
die aktive Vorstellung „wehen lassen, wegblasen" durch das

---

[1] Gen. rabba, c. 18 beklagt ein Weib, das סקרנית „geneigt zu gaffen"
ist (SCHECHTER in *The Critical Review* 1899, p. 394).

Hiqṭîl הֹשיב ausgedrückt wird (Ps 147 18, Gn 15 11) und derselbe Sprachgebrauch in H selbst (43 20a) vorliegt. Sodann
giebt es im Kontext von 43 4c kein feminines Substantiv,
worauf sich das feminine Partizip beziehen könnte. Deshalb
ist dieses Partizip als passive Form („die bewohnte" [Erde])
und als Objekt zu תגמר zu fassen. Dieses Verb kann bedeuten „sie beendet, bereitet ein Ende". Denn גמר konnte
die Bedeutung „vollenden" auch im negativen Sinne besitzen,
wie גְּמַר in Wirklichkeit bedeutet „beendigen, vernichten etc."[1]
Folglich ist nicht an das arabische جمر (FREYTAG: „dedit
prunam ignis") zu appellieren, sodass es mit MARGOLIOUTH
durch „which blazes" wiederzugeben wäre. Endlich auch
dies ist nicht zweifellos, dass das א von לשאון aus Nachahmung des arabischen لسان „Zunge" stammt. Wenn der
retranslator ins Hebräische hätte übersetzen wollen, dann
konnte er die Worte nicht nach arabischer Art schreiben.
Kann nicht das א durch einen unachtsamen Abschreiber
hinzugekommen sein, welcher an שאון „Untergang, Vernich-
tung" (Jr 46 17, Ps 40 3) dachte und in 43 4c etwa den Sinn
„zum Untergang verzehrt das Licht (die Glut) die bewohnte
Erde" fand?

Gegen diese meine Deutung von 43 4c hat MARGOLIOUTH
in der September-Nr. der Expository Times (1899, p. 567 f.)
folgendes eingewendet: Ich hätte eine Übersetzung dieses
Stichos verworfen, welche nicht die von MARGOLIOUTH, sondern die des Siracidenenkels sei. Ferner hätte ich mich
betreffs נשב auf den alttestamentlichen Sprachgebrauch berufen, sei aber betreffs des גמר von ebendemselben Sprachgebrauch abgewichen.

Darauf muss ich folgendes bemerken: α) Die Übersetzung von 43 4c mit „blowing out a tongue of light which
blazes" ist nach ihrem Wortlaut diejenige MARGOLIOUTH's
und nicht die des Enkels von Ben Sira, und die Frage, ob

---

[1] DALMAN, Aramäisch-neuhebräisches Wörterbuch (1897), p. 77b.

diese Übersetzung dadurch absolut gerechtfertigt wird, dass
sie wesentlich mit G¹ übereinstimmt, soll unter ζ) berührt
werden. β) Ich habe die Annahme, dass נושבת das aktive
Partizip sei, nicht bloss aus einem Grunde, sondern aus
dreien abgelehnt: nämlich erstens weil נשב im Alten Testament intransitiv ist, zweitens weil der Akt des Herausblasens
im Alten Testament und in H selbst (43 20a) durch השיב
ausgedrückt ist, drittens, weil im Kontext von 43 4c ein
feminines Subjekt fehlt, worauf נושבת, wenn es aktives Partizip
wäre, sich beziehen könnte; denn überall vorher, in V. 2a,
3a b, ist שמש als ein Maskulinum behandelt. MARGOLIOUTH
hat in The Exp. T. 1899, p. 567 von meinen drei Gründen
nur den ersten erwähnt. Ausserdem hat er daraus gefolgert,
ich hätte den Kanon aufgestellt, dass Ben Sira nicht vom
biblischen Sprachgebrauch habe abweichen können. In
Wirklichkeit habe ich nicht diesen Kanon in abstracto
aufgestellt, sondern ich habe in diesem einzelnen Fall es —
aus drei Gründen — nicht für annehmbar gehalten, dass
Ben Sira das Verb נשב im aktiven Sinn verwendet habe.²
γ) Folglich habe ich nicht, wie MARGOLIOUTH meint, einen
Kanon, den ich selbst aufgestellt hätte, verletzt, indem ich
annehme, das תגמר heisse „verderben". Überdies hat schon
LÉVI in diesem תגמר ein „dénominatif formé du mot גומרין
charbons" gesehen und übersetzt „réduit en charbon" (RYSSEL:
macht verkohlen). Aber auch die von mir empfohlene Übersetzung des תגמר mit „sie vernichtet" ist nicht so tragisch
zu nehmen, wie MARGOLIOUTH meint. Denn schon in V. 3b
ist sowohl nach H als auch nach G gesagt: „Wer kann

---

¹ 43 4c heisst in G: ἀτμίδας πυρώδεις ἐκφυσῶν und in VL: „radios
igneos exufflans." S: ܠ: „ihr Dunst ist wie Rauch
von Feuer."

² Übrigens ist נושבת auch von LÉVI, dessen Buch L'Ecclésiastique
erst am 30. August in meine Hände gelangte, mit la terre habitée übersetzt worden. Ebenso vertritt RYSSEL in seiner noch später mir bekannt gewordenen Auslegung von 43 4c die Deutung „das bewohnte
Land."

vor ihrer Hitze bestehen?" Kann nicht ein ähnlicher hyper-
bolischer Satz in 4c ausgesprochen sein? δ) Aber nach MAR-
GOLIOUTH soll dieses תגמר vom arabischen ǵamara („dedit
prunam ignis") kommen. Also der Jude, der die Sprüche
des Ben Sira ins Hebräische übersetzen und so „etwas für
die liebe hebräische Sprache thun" wollte,[1] hat arabische
Wörter in seine Übersetzung eingeflochten? ε) Gesetzt, der
Rückübersetzer hätte die griechische und die syrische Gestalt von 43 4c vor sich gehabt (vgl. p. 67, Anm. 1), wie
wäre er auf eine Doppelübersetzung des πυρώδεις von G,
oder des „Feuer" von S gekommen? Nämlich er hätte zuerst
מאור gesetzt, und dann hätte er noch das arabische תגמר
als einen asyndetischen Attributivsatz hinzugefügt, als wenn
nicht jede „Zunge von Licht" brenne. ζ) Kann endlich die
Annahme, dass נושבת als eine aktive Form gemeint sein
wolle, einfach durch den Umstand begründet werden, dass
der Text von G das Wort ἐκφυσῶν bietet? Nun, voraus-
gesetzt, dass die Übersetzung des Siracidenenkels intakt
auf uns gekommen sei, muss dieser Nachkomme von Ben
Sira die Worte seines Grossvaters durchaus richtig gedeutet haben? Dies kann nach oben, p. 15 nicht bejaht
werden. Wir brauchen also gar nicht auf die Möglichkeit
zu rekurrieren, dass die Übersetzung des Siracidenenkels im
Laufe der Zeit Veränderungen erfahren hat, und können
trotzdem urteilen, dass das ἐκφυσῶν von 43 4c nicht das
absolut richtige Verständnis von נושבת giebt.

In 43 8d wird der Mond als מרצף רקיע מזהירתו beschrieben. COWLEY-NEUBAUER haben dies mit „paving the
firmament with [cf. 40 28a!] her shining" übersetzt, und
DRIVER hat diese Vorstellung in trefflicher Weise durch
ein Zitat veranschaulicht, das er aus *Romeo and Juliet*

---

[1] MARGOLIOUTH, p. 19 charakterisiert seinen „Rückübersetzer" mit
den Worten „fired with the thought that he too might do something
for the dear Hebrew language!"

schöpfte.[1] Dieser Ausdruck מרצף würde darnach meinen,
der Mond, der im Kontext von 43 8d als Chorführer der
Sterne gedacht ist, „pflastere" oder *belege* — in Gemeinschaft mit den Sternen — das Firmament gleichsam *mit
Mosaik.* Ich gestehe, dass diese Ausdrucksweise mir sehr
poetisch vorkommt, während die Aussage „beleuchtend das
Firmament mit seinem Licht" etwas von Pleonasmus an sich
hat. MARGOLIOUTH, p. 6 zieht es aber vor, „to interpret
מרצף from the Arabic"[2] und *m⁽e⁾rassef*, wie er selbst p. 7
transkribiert, mit „illuminating" zu übersetzen. Er thut es,
weil G den Satz ἐν στερεώματι οὐρανοῦ ἐκλάμπων bietet und
S damit übereinstimmt. Aber voller Hoffnung auf eine ver-
neinende Antwort stelle ich die Fragen: Sieht der Satz von
G und S wie das dichterische Original von 43 8d aus?
Hätte ein Übersetzer die Worte von G und S, die beide
„an dem Firmament" darbieten, mit Wahrscheinlichkeit in
die Form gebracht, die bei H vorliegt, wo „Firmament"
das Objekt ist? Nein, umgedreht G und S geben eine
mögliche, aber doch weniger wahrscheinliche Deutung der
Worte von H.

Aber enthalten nicht die von SCHECHTER und TAYLOR
herausgegebenen Teile des H arabische Elemente?

In 38 1b zeigt H das Verb חלק, aber G, welcher ἔκτισε
hat, und S, der حبيهـ giebt, drücken den Begriff „schaffen"
aus. MARGOLIOUTH setzt in der August-Nr. der Expository
Times (p. 528b) voraus, dass G und S dem Urheber von H
vorlagen, und dass dieser den Begriff des Schaffens nicht
durch das überaus gebräuchliche hebräische Verb ברא (oder
יצר), sondern durch das arabische خلق ausgedrückt habe.
Indes der Urheber von H wollte doch die hebräische

---

[1] Act V, Scene 1: „Look how the *floor of heaven* is *thick inlaid*
with patines of bright gold."
[2] Er muss dabei an *radfun* und das verbum denominativum رضف
„durch einen glühenden Stein erwärmen" denken.

Gestalt der Sirachsprüche herstellen (siehe MARGOLIOUTH's Worte oben p. 68, Anm. 1), und im Hebräischen heisst „schaffen" ברא, und zur Wahl dieses Verbs würde der Rück-übersetzer auch noch durch das gleichlautende Verb hin-geleitet worden sein, das S in 38 1b gebraucht hat. Wie also hätte der angebliche Rückübersetzer auf die Wahl des arabischen خلق (= חלק) verfallen können? Ehe dies voraus-gesetzt werden kann, muss erst noch die andere Möglich-keit geprüft werden, ob nicht Ben Sira in 38 1b das hebräische חלק verwendet haben kann. Er kann es gewählt haben, indem er es im Sinne von „anweisen oder beordern" ge-brauchte, den חלק in 2 Ch 23 18 besitzt. Dort heisst es „die Priester, welche David über (על) das Haus Jahwes beordert hat, darzubringen die Brandopfer Jahwes." Die Vorstellung „anweisen, beordern, bestimmen zu etwas" ist aber nun verwandt mit der Vorstellung „herstellen, beschaffen", und auch das arabische خلق besitzt die Bedeutungen „quantitate et mensura definivit, disposuit, procreavit",[1] und wenn man an das arabische خلق „glätten" erinnern wollte, so müsste auch aufs hebräische החליק „glätten, bearbeiten" (Jes 41 7) hingewiesen werden. In Sir 38 1b ist also gemeint, dass Gott auch den Arzt beordert oder bestellt hat. Mit Recht hat also auch TAYLOR, wie ich erst hinterher bemerken konnte, das חלק von 38 1b mit „apportioned" übersetzt.

Das hebräische חלק konnte aber, wie ich nachgewiesen zu haben meine, durch ἔκτισε ersetzt werden. Dies zeigt sich auch an 39 25a und 40 1a, wo beidemale dem חלק von H ἔκτισται und ﻞﺣ, resp. ﺣﻞ entspricht. Denn zunächst in 39 25a, wo למוב חלק מראש gelesen wird, passt nicht nur die Bedeutung „zuerteilen", sondern sie wird durch den Dativ

---

[1] LANE, Arabic-English Dictionary s. v. خلق sagt, es bezeichne „1) the act of measuring" (p. 799c) und fügt dann auf p. 800a hinzu: „Hence it signifies also the bringing a thing into existence according to a certain measure etc."

der Person begünstigt. Dass aber an beiden Stellen 39 25a
und 40 1a nicht „schaffen" gemeint ist, zeigt sich daran,
dass da, wo „schaffen" wirklich ausgeprägt werden sollte,
auch das hebräische Verb ברא gewählt ist. So ist es in
der ähnlichen Stelle 40 10a: על רשע נבראה רעה. Die Existenz
dieser Stelle kann übrigens dazu beigetragen haben, in den
ähnlichen vorhergehenden Sätzen 38 1a etc. anstatt „zuerteilen"
den verwandten und deutlicheren Begriff „verschaffen" zum
Ausdruck zu bringen, als ein griechisches oder syrisches
Äquivalent gewählt werden sollte. Weil nun aber die Vor-
stellungen „zuerteilen, anweisen, herstellen etc." in einer natürlichen Ideenverwandtschaft stehen und dies auch thatsächlich
durch die oben nachgewiesene Entwicklung des arabischen
خلق gezeigt wird: so kann nicht mit Lévi[1] gesagt werden,
dass G und S in 39 25a und 40 1a das Hebräische für
Arabisch angesehen haben müssten. Nein, beim hebräischen
חלק selbst lag der Übergang zur Vorstellung des Verschaffens
und Herstellens psychologisch nahe. Für חלק konnte ἔχ-
τισται etc. gesetzt werden, ohne dass der Übersetzer meinte,
er habe ein arabisches Wort vor sich.

Auch die beiden soeben von G. Margoliouth edierten
Blätter zeigen חלק in אל חלק לא מעין רע 31 15 und נחלק in
והוא לגיל נחלק מראש 34b. Der erstere Satz kann aber heissen
„etwas Schlimmeres, als das Auge, hat Gott nicht zuerteilt"
(nämlich unter den vielen Gaben, mit denen er den Menschen
ausstattete), und der andere Satz konnte meinen wollen
„und er (der Wein) ist zur Freude von Anfang an zuerteilt."
Dass so übersetzt werden könne, giebt auch G. Margoliouth, p. 12 vollständig zu, aber er meint, der Sinn beider
Stellen sei bei dieser Übersetzung nicht so gut, wie bei der
Wahl der Bedeutung „schaffen". Ich muss gestehen, dass ich
dies nicht ganz finden kann. Vielleicht ist auch der Um-

---

[1] Revue des Études Juives 1899, p. 308: „Il faudrait donc supposer
que G et S ont l'un et l'autre pris l'hébreu pour de l'arabe."

stand, dass die beiden letzterwähnten Sätze in Plus-Stellen
des H vorkommen, nicht bedeutsam. Das hebräische חלק
hätte freilich den Sinn von „schaffen" gewinnen können, wie
خلق im arabischen Sprachgebrauch — und dieser Annahme
neigt G. MARGOLIOUTH, p. 30 schon für die Zeit „about
200 B. C." zu. Aber mir scheint diese Meinung nicht ganz
notwendig.

Indes in 50 7a lesen wir וכשמש משרקת וג' „und gleich
der Sonne, die aufgeht etc."

Ich meine, dass man darüber nicht richtig urteilen
kann, wenn nicht die Frage nach den Arabismen des
Alten Testaments berührt wird. Diese ist von mir in
The Expository Times 1898, p. 286—288, 430—432, 474—479
diskutiert worden. Dort habe ich gezeigt, dass einer der
sichersten Arabismen des Alten Testaments in אַלְקוּם Pv
30 31b enthalten ist. Denn der Gedanke „ein König, mit
dem der Heerbann (al-qaumu) ist" passt trefflich in den
dortigen Zusammenhang. Weder ist in jenem אלקום ein
verderbtes אלהים zu suchen, noch ist mit WILDEBOER[1] zu
übersetzen: „Gegen den es keinen Widerstand giebt", weil
diese Übersetzung nicht dem עמו „mit ihm" gerecht wird.[2]
Freilich FRANKENBERG, der 1898 die Proverbien für den
„Handcommentar" bearbeitet hat, ersetzt עִמוֹ אַלְקוּם durch
Punkte und bemerkt, man dürfe sich zu Gunsten der Annahme des Arabismus אַלְקוּם nicht auf אָלְגָבִישׁ, אַלְמֻגִּים etc.

---

[1] WILDEBOER im „Kurzen Handcommentar" 1897 z. St.

[2] WILDEBOER bemerkt im Anschluss an F. PERLES (Analekten
zur Textkritik des Alten Testaments 1895, p. 75), dass der arabische Satz
مَا لَا قِوَامَ لَكُمْ بِهِ „genau entspreche". Sie übersetzen ihn beide mit
„quo subsistere non potestis". Aber genauer heisst dieser Satz „in quo
non sustentaculum vobis est." Dieser Satz hebt also durchaus nicht
die Schwierigkeit; welche das עם („mit") von Pv 30 31b gegen die von
PERLES und WILDEBOER gebilligte Übersetzung des in Pv 30 31b vorliegenden Satzes enthält. Beide haben diese Schwierigkeit überhaupt
nicht berührt.

berufen. Aber weshalb nicht? Dies hat er nicht hinzugefügt.

Man muss auch dies bedenken, dass die meisten An-
näherungen an den arabischen Sprachgebrauch sich in den
Weisheitsschriften des Alten Testaments finden (vgl. darüber
hauptsächlich die höchst gediegene Dissertation von FERD.
MÜHLAU, de proverbiorum quae dicuntur Aguri et Lemuelis
origine atque indole, p. 1, 23f., 35f., 41f.).[1] Woher kam dies?
Weil östliche Stämme (cf. חָכְמַת כָּל־בְּנֵי קֶדֶם 1 K 5 10!), wie
die Leute von Têmān, durch ihre Weisheit berühmt waren
(Jr 49 7, Ob 8, Hi 2 11, 15 18, Bar 3 22f.). Finden sich nicht auch
Abschnitte im Buche der Proverbien, die einem Autor bei-
gelegt sind, dessen Heimat in der arabisch-syrischen Wüste
lag, und hat nicht auch das 'Ijjobgedicht jene östlichen
Gegenden zu seinem Hintergrund? Vgl. Pv 30 1, 31 1, Hi 1 1
und „die Weisheit aller Orientalen" (1 K 5 10)!

Deshalb ist möglich, dass den hebräischen Freunden
der Weisheit manches Wort der angrenzenden Stämme
Arabiens bekannt war, und z. B. אַלְקוּם konnte in ihren
Schriften gebraucht werden, weil dieses Wort al-qaumu
„der Heerbann" durch die Kriegszüge der Beduinen den
Hebräern ebenso bekannt werden konnte, wie al-gummîm etc.,
durch den Handelsverkehr. Und wenn noch ein arabisches
Wort den Hebräern aus dem Grenzverkehr bekannt sein
konnte, so war es שרק. Denn gerade dieses Wort, das den
Sonnenaufgang, den Orient, bezeichnet, war es, nach welchem
die בְּנֵי קֶדֶם „die Söhne des Ostens", deren Weisheit im
Alten Testament gerühmt wird (1 K 5 10), benannt wurden:
الشرقيون aš-šarqijjûna, die Orientalen, die Sarazenen!
Dazu kommt noch folgendes. Die beiden Worte אַלְקוּם und
שרק konnten um so leichter in der hebräischen Litteratur

---

[1] Übrigens auch WILDEBOER sagt im „Kurzen Handcommentar"
zu den Proverbien, p. XV: „Arabismen: 16 4 מַעֲנֶה? 18 8 מתלהמים, 20 11
יֶ‍נ‍ר 21 8, לָעַע 25, פֵּעַל, 24 22 פִּיד, 30 31 אַלְקוּם?".

auftauchen, als das erstere mit dem hebräischen Worte קוּם „aufstehen, sich erheben" ideell verwandt, und das andere lautlich ähnlich war dem hebräischen Verb ורח *zarach*, das wie *šaraq* den Sonnenaufgang bezeichnet.

Einen Übergang vom semitischen zum indogermanischen Sprachgebiet bildet folgende Bemerkung. In den von G. Margoliouth edierten beiden Blättern lautet 36 20b: ואיש ותיק ישיבנה בו „und ein ותיק Mann stellt es (das in 20a erwähnte Herz, weshalb ein zu לב passendes ישיבנו am Rande steht) wieder her (lässt es gesund werden, cf. מְשִׁיבַת etc. in Ps 19 8a etc.) in sich." In S 36 20b entspricht „und ein weiser (ܣܟܘܠܬܢ) Mann wird einsichtig dadurch", und in G 36 25b (Fritzsche) steht καὶ ἄνθρωπος πολύπειρος ἀνταποδώσει αὐτῷ cf. VL 36 22b: et homo peritus resistet illi. — Was aber bedeutet ותיק? Schon G. Margoliouth, p. 29 bemerkt, dass es im nachbiblischen Hebräisch vorkommt, wo es die Bedeutungen „pius, sanctus, iustus, probus" (Buxtorf, Lex. rabbinicum s. v.) zeigt. Im Arabischen heisst وثيق „firmus, constans" (Th. Nöldeke et Aug. Müller, *Delectus veterum carminum arabicorum*, p. 237) und dieser Ausdruck würde schliesslich kaum wesentlich weniger in den Sprüchen Ben Sira's möglich sein, wie z. B. וזר in Pv 21 8 (siehe darüber mein Lehrgeb. 2 556). Aber wahrscheinlich ist dieses ותיק richtiger mit εὔθικος („geradeaus gehend") kombiniert worden bei Levy, *Neuhebräisches WB. s. v.* Ein vom Sprachgut der Hellenisten, die um 180 v. Ch. eine grosse Rolle in Palästina spielten, entlehnter Ausdruck könnte im Sirachbuche nicht mehr auffallen, wie die griechischen Lehnworte des Buches Daniel (vgl. meine „Einleitung ins AT", p. 387 und über die Gräzismen des Qoheleth ebenda, p. 433).

d) Aber zeigt der Text von H nicht auch Einfluss der persischen Sprache? Bei der Beantwortung dieser Frage kommen folgende Stellen in Betracht.

Diese Reihe beginnt mit 42 14. Die Expektorationen,

mit denen MARGOLIOUTH, p. 13 den Text von H 42 14a[1]
überschüttet, finde ich überflüssig. Denn da konstatiert ist
(s. o. p. 12), dass der Text von H in verderbter Weise überliefert ist, so können auch hier die Worte, wie sie in der
Randbemerkung gegeben werden,[2] die ursprünglichere Gestalt des Sirachspruches zeigen.
Dies legt auch für 14b einen Rekurs vom Texte[3] zur
Randbemerkung[4] nahe. Diese am Rande stehende Form
von 42 14b kann aber folgenden Gedanken ausprägen: „und
das Haus eines Weibes, das zu verlästern pflegt, lässt
Lästerung hervorquellen." Die feminine Form תביע kann
durch den femininen Genetiv מחרפת bedingt sein, wie in
חֲצִי הַיְרִיעָה תִסְרַח Ex 26 12 etc. (m. Syntax § 349a), und das
Haus eines Weibes konnte von G[5] umsomehr zu „Weib"
vereinfacht werden (vgl. p. 48 f.), da בית ein häufiger Ausdruck für „Frau" (cf. „Frauenzimmer") im späteren Hebräisch
ist (LEVY, Neuhebräisches WB. 1, p. 224b). Dann bilden
14a und 14b eine Klimax ad peius, und das schliessende חרפה
des Originals, worauf auch ὀνειδισμόν hinweist, kann durch
אשה (in der Textform von 14b) verdrängt worden sein,
weil אשה am Ende von 13b und 14a stand, und so ein
Homoeoteleuton sich geltend machen konnte. Ich meine
also, dass 42 14b sagen sollte „und (vollends) das Haus einer
Schmähsüchtigen (? einer, die Schmähliches treibt) ist die
Quelle von Schmähung (und Schmach)." Diese Bezugnahme
auf das Haus einer schmähsüchtigen Frauensperson entspricht dem Kontext, denn in 12b ist vor dem Aufenthalt
im Hause von Weibern (בית נשים) gewarnt. Deshalb meine

---

[1] 42 14a: מטוב רוע איש מטיב אשה.

[2] 42 14a heisst am Rande: טוב רע איש מטוב אשה, cf. G: κρείσσων
πονηρία ἀνδρὸς ἢ ἀγαθοποιὸς γυνή (= VL. In S fehlt 14ab).

[3] 42 14b: ובית מחרפת תביע אשה.

[4] 42 14b heisst am Rande: ובית מחרפת תביע חרפה.

[5] G 42 14b: καὶ γυνὴ καταισχύνουσα εἰς ὀνειδισμόν (VL: et mulier
confundens in opprobrium).

ich auch nicht, dass am Anfang von 14b mit SMEND und
RYSSEL ein ursprüngliches ובת „und eine Tochter" voraus-
zusetzen ist. Es ist dies nicht ganz unmöglich, aber es ist
mir doch auch nicht ganz wahrscheinlich.

Die Textform von 42 14b wird von SCHLATTER, p. 39
bevorzugt. Er hält das Schlusswort אשה für ursprünglich
und übersetzt „und im Hause einer Lästerin schwatzt das
Weib." Aber das blose „Schwatzen" würde keine verab-
scheuungswürdige Eigenschaft sein, und weder würde dann
G aus H, noch H aus G abgeleitet werden können. Auch
LÉVI bevorzugt die Textform von 14b und übersetzt sie mit
„et la maison déconsidérée révèle la femme." Aber da ist
nicht beachtet, dass מחרפת hinter בית der Genetiv sein
muss, und révèle hat keine sichere Basis in תביע.[1] Endlich
MARGOLIOUTH, p. 13 sucht das Heil für die Textform von
14b in der persischen Sprache. Er fordert, dass man die
vier Worte des Textes von 14b (s. o. p. 75, Anm. 3) buch-
stäblich ins Persische übersetze, und dann werde sich zeigen,
was diese vier Worte meinten. Er übersetzt nicht selbst,
sondern fordert nur dazu auf. Ich habe mich bemüht, seine
Direktive genau zu befolgen, aber einen gesunden Sinn von
14b habe ich dabei nicht gefunden. Nämlich der von MAR-
GOLIOUTH, p. 19 f. vorausgesetzte persische Freund des Ur-
hebers von H hätte das καταισχύνουσα von G durch das
arabische Partizip حانية ("una quae turpia verba facit")
wiedergeben können. Wenn wir aber die Annahme hinzufügen wollten, dass der angebliche späte Urheber von H
dieses Partizip durch בית „Haus" ersetzt habe, so müsste
er den Buchstaben ـ in jenem arabischen Worte vernachlässigt und dafür das persische Wort خانه „Haus" gelesen

---

[1] Aber er sieht auch selbst in seinen Worten nicht „une interprétation certaine" und fügt hinzu: „On pourrait encore traduire: „Et
la maison déshonorée, c'est la femme qui la produit." Aber um dieses
produit auszudrücken, würde doch nicht תביע gewählt worden sein.

haben. Ferner sagt MARGOLIOUTH, p. 13 ausdrücklich, dass man dem persischen Worte für „Weib" (cf. אשה) geben solle „the indefinite article and the sign of the accusative." Nun ist das persische Wort für „Weib" زن, der unbestimmte Artikel ى (*i*), und das Akkusativzeichen ist را (*ra*).[1] Die persische Übersetzung von 14b würde also mit dem Akkusativ *zan-i-ra* geschlossen haben, und dies würde vom angeblichen hebräischen Rückübersetzer durch אשה wiedergegeben worden sein. Aber weder weiss ich, wie dieses *zanira* bei der persischen Übersetzung von γυνὴ αἰσχύνουσα εἰς ὀνειδισμόν entstehen konnte, noch weiss ich, wie dieses *zanira* einen guten Sinn des אשה von H verschaffen soll.

Betreffs 43 2a[2] vermute ich zunächst, dass das ἐν ὀπτασίᾳ von G mit בצרתו zusammenhänge. Oder kann in בצרתו nicht צורה „Form" (cf. اثیوؤ „imago" [BROCKELMANN])" enthalten sein? „Bild" und „Erscheinung" sind verwandte Begriffe. Oder besteht gar kein Zusammenhang zwischen ἐν ὀπτασίᾳ und בצרתו? Vielleicht ist ἐν ὀπτασίᾳ das ursprünglichere Element von G, und das ἐν ἐξόδῳ ein Reflex der sekundären Lesart בצאתו, die bald neben בצרתו auftauchen konnte. — Indes nehmen wir mit COWLEY-NEUBAUER, SMEND, SCHLATTER, LÉVI, RYSSEL an, dass בצרתו mit der Randbemerkung in בצאתו zu verändern sei! Dann ist zu übersetzen „die Sonne lässt bei ihrem Aufgang hervorströmen den Lichtstrahl." Denn wie מביע mit dem יַבִּיעַ von Ps 19 3a zusammenhängt, so ist das חמה aus Ps 19 7b entlehnt und

---

[1] Übrigens sagte FLEISCHER, die Grammatik der lebenden persischen Sprache, 2. Aufl., § 29: „Wenn der Akkusativ in unbestimmter Weise gebraucht wird, so bleibt die Partikel را weg." Aber SALEMANN-SHUKOWSKI heben in ihrer „Persischen Grammatik" (1889), § 13b diese Regel auf.

[2] H: שמש מביע בצרתו חמה; am Rande: מופיע בצאתו; G: ἥλιος ἐν ὀπτασίᾳ διαγγέλλων ἐν ἐξόδῳ; VL: sol in aspectu annuntians in exitu; S: ܐܢܢܕܐ ܘ ܐܝܟ ܐܢܐ ܢܕ ܚܪ „er machte die Sonne zum Anblick und zum Lobe."

dort bezeichnet es den Lichtstrahl. Dies wird auch dadurch empfohlen, dass noch der Anfang von 43 3a sich auf die leuchtende Wirkung der Sonne bezieht, und dass der Autor erst bei den letzten Worten von 43 3a auf die Wärme der Sonne zu sprechen kommt.[1] MARGOLIOUTH, p. 9 ist voll Lob für den G. Aber wenn die Sonne wäre „proclaiming by his appearance", so würde das folgende „by his forth-coming" tautologisch sei, und wenn ἐν ὀπτασίᾳ bedeuten soll „by his shining", so würde die Sonne dies während der ganzen Zeit, wo sie scheint, thun und nicht nur bei ihrem Aufgang.

Indes die Hauptsache ist folgendes. MARGOLIOUTH knüpft seine Erläuterung von 43 2a an διαγγέλλων „ver-kündigend" an. Dieses Element von G wurde nach meiner Ansicht etwas mechanisch aus Ps 19 3a entlehnt, indem das חמה מביע des H durch die Erinnerung an יַבִּיעַ אֹמֶר Ps 19 3a in den Hintergrund gedrängt wurde. Man prüfe, ob die Erklärung vorzuziehen ist, welche MARGOLIOUTH giebt! Er setzt voraus, dass חמה „warmth, heat" bedeuten soll und findet die gemeinsame Quelle von διαγγέλλων „proclaiming" (G) und von חמה מביע „pouring [hervorströmend] heat" (H) im Persisch-Arabischen. Denn — so sagt er — „between the Persian word for *speech* (سخن) and the Arabic word for *heat* (سخن), which a Persian may use if he likes, there is nothing but the context to distinguish." Trotzdem scheint mir der Fall nicht ganz einfach zu liegen. Denn es wird vorausgesetzt, dass des „Rückübersetzers" persischer Freund, welcher ihm nach MARGOLIOUTH's Meinung den G übersetzt hat, gerade die Redensart „*sukhn afshāndan*" als Äquivalent des einfachen διαγγέλλειν gewählt hat, und der „Rücküber-setzer" selbst würde gedacht haben, dass er trotz des persischen Verb *afshāndan* nicht ein persisches, sondern ein-

---

[1] חמה heisst also nicht „warmth" (C.-N.), „Wärme" (RYSSEL). Lévi bevorzugt auch das מופיע der Randlesart und tilgt deshalb חמה.

arabisches Substantiv (*sukhun*) vor sich habe. Ausserdem
würde der persische Übersetzer von G entweder ἐν ὀπτασίᾳ
oder ἐν ἐξόδῳ weggelassen haben. Vielleicht ist also doch
meine Vermutung über den Zusammenhang von מביע חמה
und διαγγέλλων vorzuziehen.

Betreffs des Ausdruckes לשאון מאור 43 4c (s. o. p. 65)
bemerkte MARGOLIOUTH in der September-Nr. der Expository
Times (1899, p. 568a): „Der griechische Übersetzer würde
den Ausdruck *tongue of light* [1] nicht mit ἀτμίδας *sparks*
wiedergegeben haben." Nun ist der Ausdruck לשון אש
„Zunge des Feuers" (Jes 5 24) eine bekannte Metapher für
„Flamme des Feuers",[2] und derselbe Ausdruck, wie לשון
מאור Sir 43 4c, wird in dem von M. DAVID 1898 herausgegebenen Targûm šenî zum Buche Esther bei 6 13 gelesen,
nämlich שלהוביתא דנורא ‖ לישנא דנורא! Ebenso wird das
arabische لسان النّار gebraucht, und dem Feuer ein *Lecken*
zugeschrieben (1 K 18 38b†: לְחַכָה), vgl. das *Fressen* des
Feuers (Ex 24 17 etc.), vgl. auch die γλῶσσαι ὡσεὶ (γλῶσσαι)
πυρός (Act 2 3). Mit welchem Rechte also sagte MARGO-
LIOUTH, dass der Grieche den Ausdruck „Zunge des Lichts"
nicht mit ἀτμίδες (ardores „sparks")[3] wiedergegeben hätte?
Mit keinem Rechte, und deshalb kann ich seine Meinung
nicht billigen, dass nur ein Jude, der der persischen
Sprache kundig gewesen sei, zu dieser Übersetzung לשון
מאור habe kommen können, weil im Persischen eine Neben-
form von زبان (*zabân*) „Zunge, Sprache", nämlich *zabânah*

---

[1] Richtig bemerkte SCHLATTER, p. 43, dass „מאור nicht Licht ist",
nur übt dieser Umstand keinen Einfluss auf die Deutung von לשון מאור,
denn auch einem Lichtträger oder Lichtquell konnte eine Zunge d. h.
ein Strahl zugeschrieben werden.

[2] Schon das Targum zu Jes 5 24 ersetzte „durch die Zunge des
Feuers" einfach durch בְּאֶשָׁתָא, die LXX durch ὑπὸ ἄνθρακος πυρός =
من جَمْر النّار.

[3] ἀτμίς ist = ἀτμή, cf. ἀτμῆ θεσπεσίη = „ardore ingenti" in
HESIOD's θεογονία, V. 862.

„Flamme" bedeutet.[1] Er scheint mir das, was auch im persischen Sprachgebrauch existiert, mit dem, was nur im Persischen gesagt wird, verwechselt zu haben.

43 6 lautet nach H: „und auch Mond um Mond sind die Zeiten wiederkehrend: eine Herrschaft über das Ende (d. h. die Grenzen der Zeit) und ein Zeichen für die verhüllte Zeit (d. h. die späteste Zukunft)." In den Augen von MARGOLIOUTH, p. 11 ist dies „a piece of nonsense". Ich erlaube mir zu bezweifeln, ob er damit diesem Texte gerecht geworden ist; denn jene Worte bilden freilich kein mechanisch normales Satzganze, aber liebt dies der Dichter? — Indes sehen wir zu, was er über G und S urteilt! G[2] bietet nach MARGOLIOUTH's Übersetzung (p. 10): „And the moon in all (things) to her season, showing of times and a sign of eternity", während S so zu übersetzen ist: „und der Mond ist aufgehend zu seiner Zeit, eine Verkündigung (ﻝﻤﻮܠ) von Zeiten (ﺣﻮﺯ;) und ein Zeichen von verhüllter Zeit her (ﺣܠܡ ܡܝ; ﻝﻝﻮ)." Nach MARGOLIOUTH „verhelfen uns der Syrer und der Grieche zu einem vortrefflichen Sinn", und er leitet H[3] auf folgende Weise aus G ab: „The corrupt Greek in all [ἐν πᾶσιν] has been literally rendered ﺑﺎﻫﺮ, and that word sometimes means the moon." (Er spielt darauf an, dass das persische ﺏ „mit, zu" und das persische ﻫﺮ „jeder, alles" zusammen den Konsonantenkomplex ﺑﺎﻫﺮ ausmachen, und dass dieser auch das arabische bâhirun „mirabilis; splendens luna" ausdrückt). Er fügt hinzu, dass das griechische „unto her time [εἰς καιρὸν αὐτῆς] wahrscheinlich durch die Worte ﺑﺮ ﺑﺎﺭ wiedergegeben wurde." (Das persische ﺑﺮ ist = „auf", und ﺑﺎﺭ ist = „Mal"). Der hebräische Plural עתות wird von MARGOLIOUTH dabei nicht berück-

---

[1] VULLERS, Lex. persicum, Bd. 2, p. 114b: ﺯﺑﺎﻧﻪ, *flamma ignis*.

[2] 43 6: καὶ ἡ σελήνη ἐν πᾶσιν εἰς καιρὸν αὐτῆς, ἀνάδειξιν χρόνων καὶ σημεῖον αἰῶνος, S: ﻤﺤܠܕﺣ ﻤﻠ ﻝﻴﻤﻤﻮ (6a).

[3] H 43 6: ונם ירח ירח עתות שבות

[מ]משלת קץ ואות עולם:

sichtigt. Dagegen meint er, das nächste Wort שבות „(sind) wiederkehrend" so ableiten zu können, dass der Endbuchstabe von بار (d. h. das *r*) mit einem Punkte versehen und als *z* gelesen worden sei: *bāz* (nämlich das persische باز ist = „wieder, zurück"). Ich gestehe, dass diese Ableitung von H mir weder notwendig noch wahrscheinlich vorkommt. 43 13a fehlt in S und lautet in G: „προςτάγματι αὐτοῦ κατέπαυσεν[1] χιόνα", aber H bietet: ברק תחוה גבורתו „seine Macht zeichnet den Blitz."[2] — Dieses letzte Wort von H meint MARGOLIOUTH, p. 10 sicher aus einer persischen Vorlage desselben ableiten zu können, weil „Schnee" = dem persischen برف *barf*, und „Blitz" = dem persischen برق *barq* sei. Aber es wird erlaubt sein, auch in diesem Falle noch einige Bedenken zur Sprache zu bringen. Gut, setzen wir voraus, dass der Urheber von H eine persische Vorlage benützte, aber war in jener Vorlage nicht nur die Gestalt von ف und ق ganz gleich, sondern auch die wichtigen Unterscheidungspunkte von ف und ق vernachlässigt? Deshalb wage ich immerhin zu vermuten, dass das Zusammentreffen von „Schnee" (G) und „Blitz" (H) mit dem persischen *barf* und *barq* ein zufälliges ist. Ich halte ferner das ברק „Blitz" von H für ursprünglicher, als „den Schnee" von G. Denn G konnte ἀστραπή „Blitz" in 13a vermeiden zu müssen meinen, weil er ἀστραπή in 13b gebrauchte (vgl. sein ganz entsprechendes Verfahren in Bezug auf ταῦρος in 38 25cd weiter unten p. 84!). Übrigens ist vom „Schnee" in 17c gesprochen![3] Weshalb endlich hätte der persische Über-

---

[1] Eine andere Lesart ist κατέσπευσε, cf. FRITZSCHE ad. 1. und VL: imperio suo acceleravit nivem.

[2] So SCHLATTER, LÉVI (sa puissance dessine l'éclair) und RYSSEL, der richtig תְּחַוֶּה nach Hes 9 4 ausspricht.

[3] Bei der nachfolgenden Vergleichung meiner Vorgänger finde ich dieses: SCHLATTER sagte: „G: χιόνα, neben ברק sicher falsch, wahrscheinlich Verderbnis aus χειμῶνα. Der Enkel sparte ἀστραπή für ציי." LÉVI: „*La neige* est certainement une faute, car c'est plus loin seulement qu'il en sera question." RYSSEL bespricht diese Differenz nicht.

setzer, welcher G ins Persische übertragen haben soll, den Ausdruck „durch seinen Befehl" durch „und seine Macht" ersetzt? Für die Kombination von Blitz und Schnee in 13a kommt überdies auch noch 17c in Betracht, zu dem wir uns nun wenden.

In 43 17c bietet H שלגו יניף ישף[בר], wozu am Rande כר gefügt ist, also „gleich Blitz(en?) schüttelt er Schnee." War etwa רשפינ beabsichtigt (vgl. רשפים „Blitze" Ps 78 48), und beruht das ו von שלגו nicht auf Dittographie des darauffolgenden ו? G hat ὡς πετεινὰ καθιπτάμενα πάσσει χιόνα.[1] MARGOLIOUTH, p. 11f. meint, dass der persische Übersetzer von G das Wort *parwāz* setzte, und dies bedeutete: 1) „flight, flying" und 2) „light, splendour." In der That ist die erste Bedeutung von بَرْوَاز „alarum solutio i. e. volatus" (VULLERS, Lexicon persicum s. v.), aber wenn der Plural πετεινά dem persischen Übersetzer zu übertragen gewesen wäre, würde es dann natürlich gewesen sein, بَرْوَاز zu wählen? Auch das Partizip καθιπτάμενα wäre von ihm übergangen worden. Für mich ist es noch nicht ausgemacht, dass dies der Hergang der Sache gewesen ist. Ich sehe in den πετεινά von G eine natürliche Vereinfachung des Textes (vgl. oben p. 48f.).

43 22b endlich heisst in H: טל פורע לדשן שרב, also wahrscheinlich „Tau, der schrankenlos auftritt,[2] um fettglänzend zu machen den glutversengten Boden" (das ist שָׁרָב Jes 35 7). G bietet δρόσος ἀπαντῶσα ἀπὸ καύσωνος ἱλαρώσει, also „Tau, der eintritt, wird Erquickung bringen gegenüber oder nach

---

[1] VL: et sicut avis deponens ad sedendum aspergit nivem. In S fehlt 43 17c.

[2] Das פרע steht am wahrscheinlichsten hier absolut, wie in Hes 24 14 und bedeutet: schrankenlos auftreten oder frei walten. COWLEY-NEUBAUER übersetzten „releasing (?)", SCHLATTER „der abwehrende", LÉVI „la rosée, qui chasse la chaleur et fertilise", RYSSEL „lässt keimen", indem er sich aufs syrische ܦܪܥ beruft, was aber doch nicht direkt für das Hebräische entscheidend ist, und wobei auch das folgende לדשן Schwierigkeit macht.

dem Glutwind.‟¹ Der Text von H ist nicht „ludicrous‟, wie MARGOLIOUTH, p. 12 denkt. Es ist auch kein Grund zu der Annahme vorhanden, dass H die Verbalform ἱλαρώσει für den Dativ des Substantivs ἱλάρωσις angesehen habe, wie ihm von MARGOLIOUTH zugemutet wird. Entsprechen sich denn der mit ל verbundene Infinitiv und das Futurum nicht häufig im Hebräischen? Vgl. meine Syntax § 234, 399 z. Können also לְדַשֵׁן und ἱλαρώσει nicht beide futurischen Sinn besitzen? G nahm ferner שָׁרָב in seinem nächstliegenden Sinn „Hitze‟ (Jes 49 10), und שָׁרָב ist dort von der LXX durch dasselbe Wort καύσων wiedergegeben, welches G in Sir 43 22b hat! Aber שָׁרָב besass auch einen zweiten Sinn, nämlich „der von Hitze verbrannte Boden‟ (Jes 35 7), und dies war hier gemeint. Aber dieser Sinn von שָׁרָב war nicht immer jedem Leser präsent, und deshalb zeigt die Randbemerkung den erleichternden Ausdruck רטב (rāṭōb), was in Hi 8 16 „das Grüne‟ bedeutet. Es besteht also nicht irgendwelche Notwendigkeit, das לדשן von H mit MARGOLIOUTH, p. 12 zurückzuführen auf das persische چربی „Fett‟, indem er an dessen „secondary sense of mildness, softness‟ appelliert.

Dies sind alle Stellen von H, in denen MARGOLIOUTH · Reflexe der persischen Sprache gefunden zu haben meinte. Aber ich denke, dass ich bei ihrer Betrachtung zu dem Schlusse gekommen sein darf, dass der Text von H nicht auf ein — verderbtes — Exemplar einer persischen Übersetzung von G zurückgeht. Übrigens steht MARGOLIOUTH's Annahme, dass H „a translation of a corruption of a Persian translation‟ (p. 10) sei, nicht in Einklang mit seiner Voraussetzung (p. 20), dass ein persischer Freund des „Rückübersetzers‟ für diesen das griechische Sirachbuch ins Persische übertragen habe.

---

¹ VL: et ros obvians ab ardore venienti humilem efficiet eum. In S fehlt 43 22b.

2. H vom Standpunkt der Schriftgeschichte betrachtet.

Die Frage nach der Originalität von H unter dem schriftgeschichtlichen Gesichtspunkt zu beantworten, erlaube ich mir deshalb, weil ich Spuren gefunden zu haben meine, aus denen hervorgeht, dass frühere Gestalten von H zu einer Zeit geschrieben wurden, wo der Gebrauch der Finalbuchstaben noch nicht herrschte.

Oder wurde nicht hinter אביב 3 8 das ב von בעבור übergangen? כ und ב sind in Jos 4 18 etc. verwechselt, wie schon in *Okhla we-okhla*, Nr. 149 f. bemerkt ist, und eine Vertauschung von ב und כ zeigt sich auch auf dem zweiten der von G. MARGOLIOUTH entdeckten Blätter bei Vergleichung von הבין 37 18a mit στῆσον (FRITZSCHE: 37 13a) = הכין, wie schon G. MARGOLIOUTH bemerkt hat.[1] Dann war also auch in 3 8 בְּעָבוּר (G: ἵνα, S: ܐ ‏ܡܥ‎) gebraucht, wie vor dem Infinitiv 38 5b ל בעבור auftritt, das, in Abweichung von 2 S 10 3, nur in 1 Ch 19 3 vorkommt, und wie בעבור כן sich in 51 20(d), 21b findet.[2]

Schloss nicht 6 2b mit חילך כאלוף anstatt mit חילך עליך, wie jetzt in H steht? Wenn, wie ich vermute, die Schlussworte von 6 2b חילך כאלוף waren, erklärt sich das ὡς ταῦρος (VL: velut taurus) und das ‏ܣܟܪ‎ ‏ܠܐܘ ‏ܐܪ‎ (dass „sie [die leidenschaftliche Seele] nicht begehre (‏ܠܐܚܕ‎ ‏ܠܐ‎), wie ein Stier, dein Vermögen"). אלוף oder אלוף ist dem Siraciden nicht fremd, sondern steht in 38 25c (S: ‏ܠܘܠ‎, und G setzt da nur deshalb βόας, weil er ταῦρος in 25d brauchte). Aus אלוף oder אלוף konnte aber עליכ oder עליך werden, denn die ähnlich klingen-

---

[1] *Jewish Quarterly Review* 1899, p. 27.

[2] Bloses עָבוּר kommt nach LEVY, Neuhebräisches WB. im späteren Hebräisch gar nicht als Präposition etc., sondern nur im Sinne von „Getreide" vor, und auch בַּעֲבוּר verzeichnet weder er, noch SIEGFRIED in „Beiträge zur Lehre vom zusammengesetzten Satz im Neuhebräischen" (Semitic studies in memory of Alexander Kohut) 1897, p. 550 f. 552 f. Aber in H ist בעבור gebraucht!

den Buchstaben ע und א sind wahrscheinlich in 7 17 verwechselt, wo לאמר statt לעמד geschrieben wurde. Übrigens
welcher deutliche Beweis, dass G und S nicht die Vorlagen
von H bildeten, ist in 6 2b enthalten!

עם „Volk" entstand für עין 7 16 a, als noch עמ und עינ
geschrieben waren. — In 13 5 a schlägt SCHECHTER für אם
שלך die Lesart אם יש לך vor, ohne dass er auf S verweist,
wo das ganz entsprechende ܐ ܠܐ ܠ steht. Er nimmt also
mit Recht die Übergehung des Buchstaben י an. Aber
diese Übergehung konnte leichter eintreten, als noch אמ
יש לב (oder אמישלב) geschrieben war, wenn wir auch nicht
bis auf die älteren Gestalten von Mêm und Jod zurück-
greifen wollen. — Aus מאינ שלום konnte מאיש שלום, was man
jetzt in 13 18a findet, leichter entstehen, als aus מאין שלום,
wie SCHECHTER sagt.[1] — כנאמנ 30 20b (2) wurde zu כנ נאמנ,
ehe diese beiden Wörter die Form כן נאמן erlangten. —
Aus כענג erklärt sich das כעת von 35 20b, wie schon TAYLOR
bemerkt hat. — Übrigens konnte darnach ursprünglich
כב = kakha, dessen Auftreten in meiner Syntax § 318b besprochen ist, in 13 17b, 32 5d gemeint sein.

Wenig natürlich würde es ferner sein, wenn in 41 12a
„sei besorgt für einen Namen" gesagt wäre. Weit wahrscheinlicher ist die Aussage „sei besorgt für deinen Namen",
und S bietet auch wirklich ܚܘܝ. Aber war nicht auch in
H שמכ כי וג' beabsichtigt, oder zuerst gar שמכי geschrieben?
Daraus konnte das blose ὀνόματος (VL: de bono nomine!)
werden und Haplographie von כ konnte leicht eintreten.
Denn durch sie ist auch חוק ו' anstatt חוקן ו' 42 2a entstanden,

---

[1] Aber vielleicht steckt in מאיש gar ein mâ-ješ „was giebt es."
Wenigstens zeigt sich hinter מה־יש die Apposition צדקה in 2 S 19 29,
die Präfigierung von מה nahm später zu (Ex 4 2, Jes 3 15, Hes 8 6,
Mal 1 13, 1 Ch 15 13 etc. in m. Lehrgeb. 2 526), und wenn man nicht
an אש 2 S 14 19 und האש Mi 6 10 erinnern darf, so zeigt sich die Schreibweise מא in Esr 6 8. Das ܡܐ „was" des S könnte fast dafür sprechen.
Doch dies bleibt unsicher.

und sie waltete wahrscheinlich auch beim Entstehen von
חק 43 10a (statt חקו vor ולא, cf. ܗܘܢ,), von מלאכ 26a (statt
מלאכו vor ו, cf. αὐτοῦ) und von אחרית 48 24a (statt האחרית
hinter חזה, cf. τὰ ἔσχατα), vgl. auch חי statt חיים vor 'ימ 41 13a,
während *Dittographie* der einst (s. o. p. 38) noch viel ähn-
licheren Buchstaben ו und י die Wortgestalt וימי (καὶ τίς,
ܘܡܢܘ) hinter טובו 42 25a b erzeugt hat.

War nicht auch in 40 27a gemeint „die Furcht Gottes
ist wie Eden gesegnet"? War also nicht עדן נברכה statt
des jetzigen עדן ברכה beabsichtigt, das COWLEY-NEUBAUER,
SMEND und SCHLATTER bieten?[1] Eden selbst ist ja an und
für sich gesegnet. Das Attribut des Gesegnetseins sollte
also die Gottesfurcht charakterisieren. Auch S hat, wie
ich hinterher sehe, das Partizip „gesegnet". — Ebenso erklärt sich בם מועד מועד 43 7a. Durch Dittographie des מ von
מועד entstand במ, und dies erhielt die Form בם, als die
Finalbuchstaben sich einbürgerten. — Aus רשפינ יג' konnte
leicht das jetzige רפף יג' 43 17c werden. — Auf dieselbe Weise
entstand das unverständliche להדיחם אדמתם 47 24b in der
Zeit, als noch להדיחם מאדמתם geschrieben war (cf. ἀπὸ τῆς
γῆς αὐτῶν und ܡܢ ܐܪܥܗܘܢ). Auch bei der Entstehung von
נכבדים [מ[ממתותם 48 6b wirkte dieses Stadium der Schriftgeschichte mit. Es entstand relativ leicht aus ממתותם נכבדים
(cf. ἀπὸ κλίνης αὐτῶν und ܡܢ ܬܫܘܝܬܗܘܢ).

Die noch aufbewahrten Spuren der Finalbuchstaben
reichen aber bis ca. 100 v. Chr. zurück, da sie zum Teil
nicht erst auf palmyrenischen und hebräischen Inschriften,
sondern schon vorher auf ägyptischen Papyri sich anbahnten.[2]

---

[1] LÉVI dachte, wie ich nachträglich bemerke, an „ברוכה; mais nous
préférons l'explication de G." RYSSEL übersetzt „wie Eden gesegnet",
obgleich er nichts über die von H gebotene Lesart ברכה sagt.

[2] TH. H. WEIR, A short history of the Hebrew text of the Old-
Testament (1899), p. 46: „In some of the Egyptian Papyri of the second
century B. C. there is found a distinction between the initial and
medial and final forms of *kaph*, *lamed* and *nun*. Final *nun* is also

Folglich ist **H**, da frühere Kopien von ihm mit grosser Wahrscheinlichkeit ohne Finalbuchstaben geschrieben wurden, nicht erst im elften Jahrhundert entstanden, worin ihn Margoliouth hergestellt sein lassen wollte.

3. H, vom litterargeschichtlichen Gesichtspunkt aus betrachtet.

„Litterargeschichtlich" dürfte wohl das geeignetste Attribut sein, um folgende nur locker zusammenhängenden Bemerkungen als eine gewisse Einheit zu charakterisieren.

a) Ist es sehr wahrscheinlich, dass bald nach der Zeit, in welcher die letzten sicheren Spuren des hebräischen Sirachbuches gefunden werden (d. h. im zehnten Jahrhundert, cf. Cowley-Neubauer, p. XI), eine Rückübersetzung der Ben Sira-Sprüche unternommen wurde? War dem jüdischen Gelehrten, welcher sich für die hebräische Gestalt der Sentenzen Ben Sira's interessierte, ganz unbekannt, dass nicht wenige Spuren ihres hebräischen Textes sich noch in der Litteratur seines Volkes finden? Musste er nicht die Hoffnung festhalten, dass ein Exemplar des hebräischen Ben Sira-Buches sich in irgendwelchem Lande der jüdischen Diaspora verborgen halte und wiederfinden werde? Ist es wahrscheinlich, dass er schon damals es unternahm, die hebräische Form der Sprüche Ben Sira's durch Rückübersetzung herzustellen?

Dies wird nicht dadurch wahrscheinlich, dass es hebräische Gestalten des Buches Tobit giebt, die seit 1516 zu Konstantinopel herausgegeben wurden. Denn erstens ist ein hebräisches Original des Buches Tobit nicht garantiert. Im Gegenteil schrieb Origenes an Sextus Julius Africanus,

---

found in the earliest square Hebrew inscriptions, that is, in the first century." Diese finalen Formen selbst findet man in der grossen Schrifttafel, die Julius Euting's Meisterhand zu Curtiss-Bickell's *Outlines of Hebrew Grammar* gefügt hat, in der Kolumne „Aramaic Papyri."

cap. 13: „'Από τοῦ Τωβία, περὶ οὗ ἡμᾶς ἐχρῆν ἐγνωκέναι, ὅτι
'Εβραῖοι τῷ Τωβίᾳ οὐ χρῶνται οὐδὲ τῇ 'Ιουδῆθ, οὐδὲ γὰρ
ἔχουσιν αὐτὰ ἐν ἀποκρύφοις ἑβραϊστί.[1] Zweitens würden,
wenn überhaupt, so doch jedenfalls nicht so späte Spuren
eines hebräischen Originals des Buches Tobit in der jüdischen Litteratur getroffen, wie beim Buche des Ben Sira
mindestens bis Saadia Gaon († 942) herab thatsächlich gefunden werden. Folglich konnte ein Jude des Mittelalters
leichter den Plan fassen, eine hebräische Form des Buches
Tobit herzustellen. Drittens ist es nicht sicher,[2] dass die
beiden vorliegenden Hebraisierungen des Buches Tobit schon
so frühzeitig entstanden sind, wie die angebliche Rückübersetzung des Sirachbuches datiert werden müsste. Denn wie
Margoliouth die „Rückübersetzung" aus dem elften Jahrhundert datiert,[3] so kann mit Rücksicht auf die Schrift der
Handschrift A (s. o. p. 5) diese „ohne ernsten Einwand dem
elften Jahrhundert, wenn nicht einer früheren Periode zugeschrieben werden" (Schechter, p. 8), und über die Handschrift B bemerkt Lévi, p. 10: „Étant donné l'âge du plus
grand nombre des fragments conservés dans la gueniza [du
Caire], il est permis de supposer seulement que ce manuscript
est antérieur au XIIᵉ siècle."

Ich meine hier einige zum Teil sehr treffende Bemerkungen
wiederholen zu dürfen, mit denen Lévi soeben in der *Revue des Études
Juives* 1899, p. 306f. Margoliouth's Aufstellungen persifliert hat. Er
sagt: „Et quel est ce traducteur? Un Juif persan du XIᵉ siècle! Un
Juif de Perse connaissant, au XIᵉ siècle, le *grec*[4] et le syriaque, voilà

---

[1] Auch Schürer urteilt in der 3. Aufl. der Prot. Realencyclopädie,
im Artikel „Apokryphen": „Es ist daher wahrscheinlich, dass die vor-
handenen semitischen Texte [des Buches Tobit] jünger sind."

[2] Siehe Ad. Neubauer, The Book of Tobit, p. XIII.

[3] Margoliouth, p. 19: „He [the retranslator] lived after 1000 A.D."

[4] Darin hat er Margoliouth nicht richtig verstanden, denn dieser
(p. 19) meinte, dass der persische Jude, welcher H hergestellt haben
soll, zuerst nur vom syrischen Sirachbuch hörte und dieses selbst verstand, aber von einem christlichen Perser das griechische Sirachbuch
ins Persische übersetzt bekam.

qui n'est pas banal. Et ce Juif persan, pour procéder à sa traduction, consultait tour à tour la version grecque [1] et la version syriaque. Qui plus est, il utilisait aussi une version persane! Enfin, ce phénix des traducteurs, unique, on peut l'affirmer, aussi bien chez les Juifs, que chez les Chrétiens et les Musulmans du moyen âge, non seulement a compris le grec, qui très souvent est *inintelligible*, mais encore il a su restituer le texte original qu'avaient mal lu et le traducteur grec et le traducteur syriaque! Ainsi, ch. XLII, 17, lisant dans le grec cette phrase absurde: „Qu'a *fortifiées* (les merveilles) le Dieu Tout-Puissant", et dans le syriaque: „Il a donné de la force à *ses amis*", par une inspiration géniale, ce Juif persan du XIᵉ siècle a deviné qu'il devait y avoir dans l'original: „Dieu a donné la force à ses *milices*", le grec ayant pris צבאיו „ses milices" pour צבאות, rendu ordinairement dans les Septante par „Tout-Puissant", et le syriaque ayant lu אוהביו „ses amis". Et ces traits de génie ne sont pas rares dans l'oeuvre de cet obscur traducteur. — Pour ceux que ne satisferait pas cette première solution, Monsieur MARGOLIOUTH en réserve une autre. Un Juif persan apprend par un chrétien l'existence de l'Ecclésiastique (comme si l'ouvrage n'avait pas été connu alors, témoin les citations de Saadia); voyant avec tristesse que ses coreligionnaires ne peuvent profiter de cette oeuvre, il s'en procure un exemplaire syriaque et le lit avec l'aide d'un maître. Tous les deux s'adressent alors à un Grec,[2] qui leur fait comprendre qu'au lieu de se servir de la version syriaque, ils feraient mieux d'utiliser la version grecque. Le Juif alors engage le Grec à traduire sa version en persan, et lui, Juif, retraduira le persan en hébreu."

b) Ein anderer Punkt, der aus der Litterargeschichte genommen und wohl geeignet ist, ein Licht auf den Ursprung von H zu werfen, ist folgender Umstand.

Die griechische Gestalt des Sirachbuches ist bekanntlich von dem eigentümlichen Schicksal betroffen worden, dass der grösste Teil ihrer uns erhaltenen Quellen eine unrichtige Stellung einer Partie des Buches zeigt. Das Stück 30 25 („ein wohlgemutes Herz" etc.) bis 33 13a („wie

---

[1] Nein, den ins Persische übersetzten G.

[2] Vielmehr ist der „Grecian", von dem MARGOLIOUTH, p. 20 spricht, der schon in meiner vorvorigen Anmerkung erwähnte persische Christ, „who for the love of Christ and His Apostles has learned the language [d. h. hier das Griechische] in which their Gospel was composed."

der Thon des Töpfers" etc.) steht fast nur[1] in dem griechischen Codex 248, in VL und in S (Pešittâ!) an seinem
richtigen Platze, bildet aber in den andern primären und
sekundären Dokumenten des G — und unter diesen befindet
sich die syro-hexaplarische Gestalt des Sirachbuches! —
vielmehr den Abschnitt 33 12 („λαμπρὰ καρδία κτλ. bei
FRITZSCHE) bis 36 13a (ὡς πηλὸς κεραμέως κτλ.). Jene richtige
Stellung des Stückes 30 25—33 13a wird nun auch von
H dargeboten, wie das erste der von G. MARGOLIOUTH gefundenen Blätter voll beweist. Jener Jude wurde also gerade
mit der Pešittâ-Gestalt des syrischen Sirachbuches und
nicht mit der syro-hexaplarischen Form dieses Buches bekannt — ein überhaupt schon bemerkenswerter Umstand.
Ferner liess er sich in der Stellung jenes Abschnittes auch
nicht durch die persische Übersetzung irre machen, die ihm
von einem persischen Christen dargeboten worden sein
soll. Oder hatte dieser gerade einen Vertreter derselben
Rezension, zu der Codex 248 gehört, als Grundlage für
seine persische Übertragung des griechischen Sirachbuches
erlangt?

c) Auch die Verschiedenheit der Unterschriften,
die am Ende von G, S und H gelesen werden, ist nicht
ganz ohne Wichtigkeit.

Im Codex Alexandrinus und Sinaiticus lautet die Unterschrift: σοφια ιησου υιου σειραχ (bei FRITZSCHE, p. 522). Die
syrische Übersetzung schliesst nach DE LAGARDE's Ausgabe,
p. 51 mit „bis hierher (gehen) die Worte von Ješu, bar
Šemʒûn, der genannt wird bar Asîrâ." In der Unterschrift
von H heisst es zunächst hinter 51 30 „Bis hierher (gehen)
die Worte Šimʒôn's, des Sohnes von Ješûᵃʒ, der Ben Sira'
genannt wurde", und dann folgt in der nächsten Zeile
noch „die Weisheit Šimʒôn's, des Sohnes von Ješûᵃʒ, dem
Sohne von Elʒazar, dem Sohne von Sira'." Die letzt-

---

[1] Vgl. das Genauere hauptsächlich bei RYSSEL, p. 348.

erwähnte Reihe von Namen steht bei H ebenso in 50 27, wo G und S ebenfalls anders lauten (s. o., p. 1, Anm.). Woher nun hat H diese genaueren Benennungen des Autors der Sirachschrift geschöpft? Hat er sie etwa aus Saadja Gaon entlehnt? Dieser nämlich bemerkte in seinem ספר הגלוי (edidit HARKAVY), p. 150 (cf. LÉVI, p. IX): „Wie wir fanden, dass Šimʒon, der Sohn von Ješûᵃʒ, dem Sohne von Elʒazar, dem Sohne von Sira' ein Buch über Moral verfasst hat, das den Proverbien durch seine Einteilung in Kapitel und Verse gleicht." Aber wenn der angebliche späte Urheber von H jene Namenreihe aus Saadja Gaon geschöpft hätte, so hätte er ja die Existenz des alten hebräischen Sirachbuches gekannt, und dann hätte er um so weniger den Entschluss fassen können, diesem alten Sirachbuche einen selbstgefertigten Pendant an die Seite zu stellen.

d) Für die Litterargeschichte von H sind endlich auch die Randbemerkungen wichtig, mit denen er in reichem Masse bedeckt ist.

Hinsichtlich des Ursprungs der Randbemerkungen von H trägt MARGOLIOUTH, p. 4 die Hypothese vor, dass der Rückübersetzer am Rande Formen und Phrasen notiert habe, die er hätte wählen können, aber doch schliesslich verwarf. Anderwärts (p. 6) fügt er hinzu: „He may for some reason or other have abandoned the task of translating before he got his work into proper shape."

Aber diese Vermutung hat jetzt nach SCHECHTER-TAYLOR's Publikation schon durch den Umstand, dass die Handschrift A keine solchen Randbemerkungen besitzt, viel an Kraft verloren. Indes auch abgesehen davon, meint MARGOLIOUTH wirklich, dass alle Randbemerkungen von H sich auf den von ihm vermuteten Wegen erklären lassen? Er kann es doch nicht meinen z. B. betreffs 30 11 ff., oder 35 19d, oder 38 5b, wo כוחו („seine, d. h. Gottes, Kraft") in das unsinnige כוחם („ihre, d. h. der Wasser, Kraft") ver-

wandelt ist, oder betreffs עד לשוב „bis zum Zurückkehren"
(40 3b), was aus Reminiszenz an עד שוב וג' (Gn 3 19) entstand,
und der Randbemerkung עד לובש, was dem parallelen Partizip
von 3a entspricht. Aber wenn seine Meinung über den
Ursprung der Randbemerkungen von H auch wirklich in
wenigen Fällen möglich ist, wie bei נבראו (Smend: נעשים),
das statt נוצרו am Rand von 39 28a steht: so ist doch auch
in solchen Fällen die Annahme von Margoliouth nicht
notwendig.

Er sagt freilich: „On the margin of a late copy of a
work professing to be original, and handed down as books
were handed down before the invention of printing, such a
quantity of variants would be astounding" (p. 4). Aber
erstens zeigen auch die Handschriften von Teilen des alttestamentlichen Kanon Bemerkungen über die auffallende
Orthographie oder die abweichende Formation von Wörtern
(man sehe z. B. Pv 1 18, 2 3, 17, 21 etc.). Zweitens ist es
möglich und wahrscheinlich, dass ein Buch, welches nicht
zu den kanonischen Schriften des Alten Testaments gehörte
und so einer Privatschrift ähnelte, mehr korrigiert wurde.
Man denke nur an die vielen Varianten, die z. B. zum
Traktat *Sopherîm* sich bildeten (vgl. die Ausgabe von Joel
Müller § 25). Man erinnere sich an die 1751 Varianten,
die Margolis auf zwanzig Seiten des Traktats Megilla fand
(s. o. p. 51), und an die Glossen, mit denen die Blattränder der von ihm beschriebenen Handschrift fast überdeckt sind!

Aber lassen sich auch die einzelnen Anlässe und Quellen
der Randbemerkungen des H auffinden?

α) Ein erster Teil der Randbemerkungen kann als
innerhebräische bezeichnet werden.

Manche Randglossen nämlich können aus grammatischen
oder exegetischen Erwägungen von Lesern der betreffenden
einzelnen Handschrift stammen. Dahin gehören Bemerkungen
über die Orthographie (cf. תעלה statt תועלה 41 14c), oder

über auffallende Erscheinungen der Formenlehre, wie die Ersetzung des פי 39 31b durch פיהו, des שדה 40 22b durch שדי, des למענו 43 26a durch למענהו. Ebendahin gehört auch z. B. die Veränderung von טובת in טוב (41 13a b), das vielleicht deshalb vorgezogen wurde, weil ein konkretes Gut genannt ist (cf. meine Syntax § 246b), ferner die Verwandlung von אל, das ein zu allgemeiner Name zu sein schien, in עליון 40 1a, oder die Erleichterung des Ausdrucks „Tage von Zahl" zu „eine Zahl von Tagen" 41 13a. Dieser innerhebräische Ursprung eines Teiles der Randbemerkungen ist durch die Vertauschung von כל mit גם in 39 30c ausser Zweifel gesetzt. Denn dieser Stichos findet sich weder im G noch im S. Dieses גם „auch" stammt aus der Erwägung, dass in 30ab weder alle schlimmen Dinge noch überhaupt alle Geschöpfe Gottes aufgezählt sind, und folglich diese spezielle Gruppe durch „auch" angereiht werden müsse. Aber das כל von 30c wollte alle einzelnen Gruppen, die vorher in V. 25a—30b erwähnt waren, zusammenfassen. Aus seinem eigenen Gedankenkreise schöpfte ein jüdischer Leser ferner auch, indem er in 39 35b שם הקדוש „den Namen des Heiligen" durch שם קדשו „Seinen heiligen Namen" ersetzte. Denn der letztere Ausdruck ist nicht durch G oder S dargeboten und stammt aus Erinnerung an das alttestamentliche שם קדשי etc. Lv 20 3 etc. — Man beachte auch noch die Verwandlung von מאב (36 10a) in das farblosere אויב, eine diplomatische Korrektur, wie es deren auch im Alten Testament giebt. Interessant ist auch die Ersetzung von „Israel" durch „Ješurun" am Rande von 37 27 (FRITZSCHE: 37 25; VL: 37 28; fehlt bei S) auf dem zweiten der von G. MARGOLIOUTH entdeckten Blätter.

Dass aber H von seiten seiner Besitzer solche aufmerksame Lektüre erfuhr, ergiebt sich aus einer bei 40 22 stehenden Randglosse.

Dort liest man am Rande die Bemerkung: „Alle Tage eines Elenden (עני) sind schlimm. Ben Sira sagt: Auch in der Nacht. An der niedrigsten Stelle der Dächer ist sein Dach, aber auf der Höhe (= Spitze, d. h. an einer schwer besteigbaren und wenig fruchtbaren

Stelle) von Bergen ist sein Weingarten: ein Teil vom Regen der (anderen) Dächer fällt auf sein Dach, ein Teil vom Staube (= Ackerkrume) seines Weingartens fällt auf die (andern) Weingärten", und diese Randbemerkung schliesst mit den persischen Worten مِن etc. „Wahrscheinlich (مانيد) ist, dass dies nicht (das von SMEND, p. 4 bestätigte נב vertritt נה, persisch نه „nicht") in der originalen (اصل) Schrift war (بود), sondern ناقول es prägte." Was heisst hier ناقول, welches das gewöhnliche arabisch-persische ناقل (nâqil) vertritt? MARGOLIOUTH, p. 4 führt selbst die Bedeutungen „translator, copyist, reporter, narrator" auf.[1] Welche von diesen Bedeutungen ist hier zu wählen? Nun, jene persische Bemerkung bezieht sich auf Sentenzen, die im Talmud vorkommen, wie man sie bei COWLEY-NEUBAUER, p. XXVIII lesen kann.[2]

Deshalb ist unter den Bedeutungen von ناقول hier die zu wählen, welche zu der Thatsache, dass die betreffenden Sentenzen im Talmud überliefert sind, passt. Es kann daher keinem Zweifel unterliegen, dass die Bedeutung „Überlieferer, Erzähler (narrator)" zu wählen ist.[3]

Folglich konnte der Urheber dieser Randbemerkung sie auch dann machen, wenn er den ihm vorliegenden hebräischen Text als das Original des Sirachbuches ansah. Denn erstens konnte er annehmen, dass dieses Original bei der Überlieferung seines Textes einzelne Aussprüche verloren habe. Trotzdem würde dieser hebräische Text doch noch das Original geblieben sein. Zweitens sagt er ausdrücklich in seiner Randbemerkung, dass nach seinem Urteil die von ihm zitierten talmudischen Sentenzen nicht in der Originalschrift Ben Sira's standen, und so stehen sie auch nicht in H. Er bestreitet also nicht nur nicht, dass H das Original des hebräischen Sirachbuchs enthalte, sondern bestätigt es indirekt.

Auf jeden Fall finden wir die Sentenzen, auf welche sich diese persische Randbemerkung bezieht, eben nicht in dem vorliegenden hebräischen Texte. Der Ausdruck ناقول meint also nicht den Urheber von H, sondern den Urheber der Überlieferung, durch die jene Sentenzen in den Talmud gekommen sind. Dies ist von MARGOLIOUTH nicht beachtet worden, und deshalb hat er das ناقول jener Randbemerkung unrichtig durch „Übersetzer (translator)" wiedergegeben.

Zur Sicherung dieses wichtigen Resultates meiner Untersuchung

---

[1] VULLERS, Lex. pers., p. 1340a: نقل 1) translatio, 2) relatio, narratio.

[2] Das von mir übersetzte Zitat der Randbemerkung stimmt mit den Talmudworten, nur dass für בלילא im Talmud לילות steht.

[3] Bei der Schilderung des sorglosen Lebens reicher Leute (40 21f.) wurde ein Leser an den bitteren Gegensatz „alle Tage eines Armen sind schlimm" (Pv 15 15a) erinnert und fügte hinzu, welche ähnlichen Sentenzen der Talmud als Sprüche Ben Sira's überlieferte.

füge ich folgende, mir hinterher bekannt gewordene Äusserung von
Lévi (Revue des Études Juives 1899, p. 307) hinzu: „On croirait, à lire
Monsieur Margoliouth, que le copiste, *se référant à une phrase du
texte*, ajoute, à la marge, son observation. Or, en réalité, il n'y a ab-
solument rien dans le texte qui se rapporte à sa remarque; ce n'est
donc pas parce qu'il „„se présentait dans le texte une obscurité ou
une difficulté"" (wie Margoliouth indirekt gemeint hatte) qu'il a cru
nécessaire d'écrire cette note. Mais alors pourquoi s'en avise-t-il?
Tout simplement parce que les deux versets que suit cette remarque
et qu'il a insérés dans la marge figurent *dans le Talmud comme étant
de Ben Sira* et précisément manquaient dans son exemplaire, comme
ils manquent dans les versions grecque et syriaque. Il veut donc dire:
Ces versets, qui nous sont connus par la tradition, c'est-à-dire par le
Talmud, probablement ne se trouvaient pas dans l'original; voilà pourquoi ils ne sont ni dans la copie que j'annote, ni dans celle que j'ai
sous les yeux, ce n'est qu'une tradition. Or, précisément tel est le
sens de la phrase persane d'après Monsieur Bacher, qui sait mieux que
personne le persan et, en particulier, le persan des Juifs: „„Il semble
que ceci [la sentence de Ben-Sira recueillie dans Sanhédrin et repro-
duite en marge] ne se trouvait, en réalité, *dans aucune copie, mais que
c'est une simple tradition.*"" Monsieur Margoliouth a cru prendre toutes
les précautions nécessaires contre les répliques à prévoir en disant que
„„נאקול a *aussi souvent* le sens de traducteur que celui de copiste""‘;
mais pourquoi choisit-il justement le sens de traducteur? Uniquement
parce qu'ainsi il espère assurer le succès de sa thèse, sans se préoccuper
de savoir si cette interprétation cadre le mieux avec le contexte. (En
fait, נקל est l'équivalent exact de l'hébreu העתיק, qui signifie quelquefois
seulement *traduire*, mais le plus souvent *copier*).

Jene innerhebräischen Textwandlungen können aber
auch aus Vergleichung verschiedener Handschriften von H
stammen, wie uns ja zwei noch aufbewahrt sind. Denn
solche Vergleichung wird durch drei andere persische Bemerkungen bezeugt, die am Rande von 32 1, 35 20, 45 8 stehen
und oben p. 7 f. übersetzt sind.[1]

---

[1] Lévi bemerkt in der Revue des Études Juives 1899, p. 308:
„Monsieur Margoliouth a oublié aussi de lire la petite note marginale
qui suit les dernières variantes: *Ce manuscript ne va pas plus loin.*
Pour tout homme non prévenu, ces mots ne comportent qu'un sens:
Le manuscript collationné avec celui du texte ne va pas plus loin. Les
notes marginales sont donc données expressément pour ce qu'elles sont
en réalité: des *variantes* relevées sur un autre manuscrit. Celui qui
les a écrites a traité l'Ecclésiastique comme un livre biblique et l'a

β) Ein anderer Teil der Randbemerkungen ist, wenn wir nicht Handschriften von H voraussetzen dürfen, die an den betreffenden Punkten ganz mit G und S übereinstimmten, aus der Vergleichung von G, oder S, oder beider Versionen zugleich geschöpft.

Die erste Randbemerkung, die auf den zwei von G. MARGOLIOUTH gefundenen Blättern steht, schaltet in 31 12a zwischen שלחן und גדול ein איש ein. Dies kann aus der Erwägung stammen, dass doch nicht sicher ein grosser Tisch gemeint sei, obgleich dies von G in seinem τραπέζης μεγάλης angenommen ist, sondern die Vorstellung „der Tisch eines Grossen" vorzuziehen sei. Aber diese Randbemerkung kann auch aus Vergleichung von S stammen, der ܦܬܘܪܐ ܕܓܒܪܐ „der Tisch eines reichen Mannes" bietet. Ferner eine Randbemerkung bei 31 16, was auch zu den von G. MARGOLIOUTH entdeckten Blättern gehört, heisst ולא תהיה גרגרן פן תמאס „und sei nicht (sozusagen) schlundhaft [= gierig], damit du nicht verworfen werdest." Dies stimmt bis zu dem auffallenden Ausdruck גרגרן mit S: ܘܠܐ ܬܗܘܐ ܐܟܘܠ, ܕܠܡܐ ܬܬܡܐܣ. Ebenso entspricht in SCHECHTER und TAYLOR's Publikation das am Rande von 33 1b stehende ושב dem ܘܢܬܦܢܐ von S. Ferner innerhalb COWLEY und NEUBAUER's Edition ist bei 39 34a מה זה „was ist dies?" am Rande in מזה „mehr als dies" verwandelt, was dem ܘ ܡܐ und dem τούτου entspricht. Auch das am Rande von 42 14b stehende חרפה „Schmähung, Schmach" stimmt mit dem ὀνειδισμός von G zusammen. Ebenso wird in 42 15c das רצונו des Textes am Rande durch מעשיו ersetzt, was mit τὰ ἔργα αὐτοῦ und ܥܒܕܘܗܝ vollkommen identisch ist.

---

enrichi d'une d'espèce de Massora. Voilà pourquoi il a même noté les variantes les plus insignifiantes, même des leçons dépourvues de toute signification, simples *lapsus* du copiste du manuscrit qu'il utilisait pour son collationnement. Dans l'hypothèse de Monsieur MARGOLIOUTH, à quoi rimeraient ces sortes de leçons? Que viendraient faire „„des corrections"" dénuées de sens?"

Nicht der Text von 43 8d (s. o. p. 43), sondern das
marginale מערץ, d. h. das arabische مَعرِض (*muṣriḍ* „apparens")
stammt aus Vergleichung von H mit G (ἐχλάμπων) oder S
(ܡܒܐ) oder diesen beiden. — Weiterhin ist ואורו מזהיר „und
sein Licht erglänzt" (43 9b) am Rande mit עדי משריק „ein
Prachtstück, das aufglänzt" vertauscht. Dies ist zweifellos eine
Nachahmung von χόσμος φωτίζων. S von 43 9b fehlt, und über-
משריק (arabisch: *muṣriq*) „oriens, splendens" siehe oben p. 73!
Wenn nun eine Reihe von Randbemerkungen des H
mit grosser Wahrscheinlichkeit aus der Vergleichung der
syrischen und griechischen Gestalt des Sirachbuches geschöpft sind,[1] woher stammt dann der Text des H?
Ubrigens der Umstand, dass ein persischer Jude Bemerkungen
an den Rand des H setzte, weist selbstverständlich nicht auf
eine persische Vorlage eines angeblichen Rückübersetzers hin.

So haben sich auch in mehreren Momenten, die zur
Litterargeschichte von H gehören, Beweise gefunden,
welche gegen die These sprechen, dass H eine Rückübersetzung „out of a Syrian and a Persian translation" (D. S.
MARGOLIOUTH, p. 19) darstelle, welche letztere aus G gemacht worden sein sollte (p. 20). Ich freue mich, zu diesem
meinem Urteil jetzt hinzufügen zu können, dass auch G. MAR-
GOLIOUTH durch das „neue Studium" („fresh study"), das
er nach dem Erscheinen von D. S. MARGOLIOUTH's Broschüre
auf die beiden von ihm entdeckten Blätter verwendet hat,
zu einem Ergebnis gekommen ist, das mit dem meinigen
übereinstimmt.[2]

---

[1] Die Vergleichung von H mit S und G ist um so leichter vor-
stellbar, wenn die betreffenden Randbemerkungen von späterer Hand
hergestellt sind, wie G. MARGOLIOUTH auf den von ihm herausgegebenen
beiden Blättern mehrmals beobachtet hat: Bei 31 17 steht: „The
marginal note in comparatively recent ink, not earlier, probably, than
the seventeenth century." Ganz dasselbe ist von G. MARGOLIOUTH bei
36 24 (p. 9) bemerkt, und anderwärts ist teils „frische Tinte" (31 37,
38) und teils eine „späte Hand" (36 24, p. 17) beobachtet.

[2] G. MARGOLIOUTH bemerkt in *Jewish Quarterly Review*, October

Schluss.

Die erste Untersuchung (p. 4—15) führte zu dem Ergebnis, dass die Form des uns vorliegenden H nicht in allen Punkten eine absolute Authentie beanspruchen kann. Vielmehr ist die Möglichkeit, dass die Form des einstigen absoluten Originals durch unbeabsichtigte und beabsichtigte Änderungen modifiziert wurde, zur höchsten Wahrscheinlichkeit erhoben worden. Aber die in der zweiten Untersuchung (p. 16—49) unternommene hermeneutische Vergleichung von H, G, S etc. lieferte das sichere Resultat, dass in H das relative Original und eine selbständige Quelle der Sirachsprüche vorliegt, weil H nicht aus S, G etc. durch Rückübersetzung entstanden sein kann, wie aus vielen Stellen erwiesen wurde. Dieses Ergebnis konnte schliesslich in einer sprach-, schrift- und litterargeschichtlichen Untersuchung (p. 50—97) vielfach bestätigt werden.

Diesen meinen Beitrag zur Lösung der Frage nach der Originalität der neuentdeckten hebräischen Sirachtexte kann ich aber nicht schliessen, ohne folgendes hinzugefügt zu haben. Mehrmals sind in dieser Untersuchung die beiden Fragen „was ist möglich?" und „was ist unmöglich?" aufgetaucht, und die stetige Beachtung dieser beiden Fragen scheint mir das wichtigste Prinzip der Kritik zu sein. Machen wir deshalb auch bei der Lösung des hier zur Debatte stehenden Problems eine Anwendung von diesem Prinzip! Dann müssen wir so sagen: Dass die originale hebräische Gestalt der Aussprüche Ben Sira's in ihrer Orthographie und auch

---

1899, p. 2: „It seems to me that the evidence in its entirety tends to confirm the impression which the Cairo text produced on scholars generally from the very first."

sonst in einzelnen Elementen verändert wurde, ist möglich, und insofern ist es möglich, dass die neugefundenen hebräischen Texte der Weisheit Ben Sira's nur eine relative Originalität besitzen. Aber dass diese jetzt gefundenen Texte auf Grund der alten Versionen angefertigt worden wären, dies ist unmöglich. Denn eine ganze Reihe von Stellen des H kann nicht nach den Versionen gemacht sein. Folglich ist die Meinung, dass H eine Rückübersetzung darstelle, abzulehnen.

Endlich ist noch folgender Punkt zu berühren. Wenn auch die Meinung von D. S. MARGOLIOUTH mehr begründet wäre, als es mir der Fall zu sein scheint, so würde er keinen Anlass gefunden haben, seine Meinung als Basis für einen Angriff gegen die alttestamentliche Kritik zu benützen. Er sagt nämlich auf p. 20 seiner Broschüre: „Mrs. LEWIS by her precious discovery has hit Biblical criticism harder than it ever was hit before, or is ever likely to be hit again," und meint, weil nach seiner Ansicht H falsch datiert worden sei, so würden sogar die Strassenjungen („our very street-boys") dagegen protestieren, wenn man nächstens wieder den Jesaja zerteilen wolle.

Diesen Angriff muss ich ganz ungerechtfertigt finden. Denn soweit die Urteile der alttestamentlichen Kritik methodisch gewonnen sind, beruhen sie auf dem Zusammenwirken von formellen und materiellen Argumenten. D. S. MARGOLIOUTH hätte dies nicht vergessen sollen, als er (p. 20) über die Zerteilung des Jesajabuches sprach. Weiss er nicht, dass die Unterscheidung des Deuterojesaja ebenso sehr auf der Beschaffenheit des Inhaltes von Jes 40—66, wie auf der sprachlichen Eigenart dieser Kapitel beruht? Die von ihm bemängelte Teilung des Jesajabuches würde also auch in dem Falle bestehen bleiben, dass die sprachliche Argumentation, die z. B. in meiner „Einleitung ins AT" (p. 321 ff.) gegen die ursprüngliche Einheit des überlieferten Jesajabuches vorgelegt worden ist, als unrichtig erwiesen werden könnte. Ich meinerseits sehe jedem Versuch, dies zu erweisen, mit voller Ruhe entgegen.[1]

Auf jeden Fall kann ich einen solchen Gegenbeweis nicht in der Broschüre von D. S. MARGOLIOUTH finden. Denn ich meine nachgewiesen zu haben, dass er seine Annahme, H stelle eine Rückübersetzung des Sirachbuches dar, nicht begründet hat. Aber selbst wenn ihm dies gelungen wäre, so würden viele Semitisten sich doch nur in Bezug auf einen Ausnahmefall geirrt haben. Denn wenn H eine Rückübersetzung der Sirachsprüche enthielte, so würde diese Retroversion aus einer Zeit stammen, wo die hebräische Sprache nicht mehr in ihrem natürlichen Leben stand. Nun können Autoren, die in der Zeit des künstlichen Daseins einer Sprache schreiben, durch Nachahmung früherer Muster den Charakter des Sprachstadiums ihrer eigenen Periode einigermassen verwischen. Ich meine nicht, dass die Nachahmung, wenn sie versucht wird, vollständig gelingt — ein Blick z. B. auf die oben p. 59 charakterisierte Rückübersetzung des Buches Tobit hält mich von diesem Urteil ab —; aber solche Nachahmung früherer Muster kann doch in einem gewissen Grade geschehen. Deshalb hätten viele Semitisten, wenn sie sich in der Datierung von H geirrt hätten, sich in einem einigermassen exzeptionéllen Fall geirrt. Dieser angebliche Irrtum würde aber nicht die Unrichtigkeit der Urteile beweisen, die über das linguistische Stadium von alttestamentlichen Büchern gefällt worden sind, die zur Zeit des natürlichen Lebens der hebräischen Sprache geschrieben wurden.

---

[1] Ebenso hat Professor DRIVER in zwei Artikeln des *Guardian* (1899, p. 886a und 975b c), die er mir freundlicherweise am 4. Oktober zusandte, sich gegen die These von D. S. MARGOLIOUTH und speziell gegen die Folgerungen aussprechen müssen, die dieser aus der angeblich irrtümlichen Datierung von H zu Ungunsten der alttestamentlichen Litterarkritik ziehen zu dürfen meinte.

Nachträge.

1. (zu S. 36). Betreffs 43 24a vermutet S. SCHECHTER in einem Artikel über D. S. MARGOLIOUTH's Schrift, der im Oktoberheft von *The Critical Review*, p. 387—400 erschienen ist, dass קצהו im Griechischen mit קץ „Ende" im Sinne von Tod (cf. Kl 4 18) kombiniert worden sei (p. 394).

2. (zu S. 47). Die Originalität von H kann auch nicht auf Grund von 44 21 bestritten werden. Dort lautet nämlich H: „Deshalb stellte er ihm [dem Abraham nach 19a] mit einem Eide fest, zu segnen in seiner Nachkommenschaft Nationen (*Pešittâ*: „alle Völker der Erde"!), sie erben zu lassen von Meer zu Meer und vom Strom (cf. Gn 31 21 etc. in m. Syntax § 295 g) bis zu den Enden der Erde", und MARGOLIOUTH sieht darin das Produkt eines „christlichen Interpolator", der „nicht nur den Text änderte", der mit Gn 26 4 übereinstimmen sollte, sondern „die Heiden zu den Leuten macht, die von einem Meer zum andern erben sollen". „Aber", so bemerkt SCHECHTER a. a. O., p. 393, „wenn MARGOLIOUTH die ältesten Übersetzungen, wie Onqelos und Pseudo-Jonathan Ben Uzziel, welche die traditionellen Auslegungen enthalten, vergleichen will, so wird er finden, dass die Nationen der Welt in Israel gesegnet werden sollen. Die einzige Differenz zwischen der Auffassung dieser Versionen und des Paulus (Gal 3 8) besteht darin, dass die Rabbinen Israel zur Quelle der Segnungen der Nationen machen,[1] während Paulus auf Christus, die Verkörperung des idealen Israel, hinweist." Man kann hinzufügen, dass wenn die Christen geneigt gewesen wären, die Sirachworte zu ihren Gunsten zu ändern, dann nicht im griechischen und syrischen Sirach die Nachkommenschaft Abrahams zum Subjekt des „Erbens von Meer zu Meer" gemacht worden wäre, und so ist — auch darnach — das להנחילם in H ebenfalls gemeint.

---

[1] Onqelôs Gn 26 4b: „und wegen (בדיל) deiner Kinder sollen alle Völker der Erde gesegnet werden."

3. (zu S. 69). In 43 8d bevorzugt Schechter a. a. O., p. 393 die Übersetzung „sie lässt das Firmament erglühen (glow or shine or illuminate) durch ihr Licht."

4. (zu S. 77). In בצרתו 43 2a findet Schechter a. a. O., p. 396 eine „corruption of בריצתו" (bei ihrem Laufe), und dies muss man für leicht möglich halten, wenn man bedenkt, dass in jenem Stichos zwei Worte (מביע und חמה) aus Ps 19 3, 7 entlehnt sind. Da konnte Ben Sira auch das רוץ von 6b verwenden. Das weniger bekannte Wort *rîṣa*, das ursprünglich ohne den Vokalbuchstaben י geschrieben sein konnte, sodass ברצתו im Text gestanden hätte, konnte teils zu בצרתו umgestellt (cf. ἐν ὀπτασίᾳ) und teils als בצאתו aufgefasst werden, was die Randlesart bildet und sich in ἐν ἐξόδῳ wiederspiegelt. Aber immerhin bleibt es mehr, als bloss möglich, dass בצרתו die frühere Wortgestalt war.

5. (zu S. 90). Wenn angenommen werden sollte, dass ein Rückübersetzer die genaue Benennung des Ben Sira aus dem erwähnten Sepher ha-galûj des Saadja geschöpft hätte, so müsste auch erwartet werden, dass er die Zitate aus Ben Sira, die Saadja in jenem Werke gab, bei seiner angeblichen Rückübersetzung verwertet hätte. Nun vergleiche man mit Schechter a. a. O., p. 389f., bei dem aber eine Variante fehlt und ein Fehler in der Kapitelzahl sich findet, den Wortlaut jener Zitate und den entsprechenden Text von H, dessen Varianten zwischen [ ] gesetzt sind:

(5 5a) ואל [אל] סליחה אל תבטח

(5b) להוסיף עון על עון

(6a) ואמרתה [ואמרת] רחמיו רבים

(6b) לרוב עונותי יסלח

(6c) כי רחמים ואף עמו

(6d) ועל רשעים ינוח עזו [רגזו]

(6 6a) רבים יהיו אנשי שלומיך

[אנשי שלומך יהיו רבים]

(6b) גלה סודך לאחד מני אלף

[ובעל סודך אחד מאלף]

(7a) קנית אוהב במסה [בניסון] קנהו

(7b) ואל תמהר לבטח עליו

(8a) כי יש אוהב כפי עת

(8b) ולא [ואל] יעמד ביום צרה

(13a) משנאיך הבדל

(13b) ומאוהביך [ומאהביך] הזהר [השמר]

(13 11c) כי ברב שיח מנסה אותך

[כי מהרבות שיחו נסיון אותך]

(11d) ושחק לך וחקרך

(16 17a) אל תאמר מאל נסתרתי

(17b) ובמרום מי יזכרני

(17c) בעם כבד לא אודע

(17d) או מי נפשי בקצות רוחות

[ומה נפשי בקצות רוחות כל בני אדם]

Ein jüdischer Rückübersetzer, der seiner Nation das hebräische Sirachbuch hätte wieder schenken wollen, hätte in Saadja's Zitaten den ursprünglichen Wortlaut sehen müssen. Aber die Differenzen von H und den Zitaten Saadja's sind begreiflich, wenn man annimmt, dass die Sirachsprüche bei H und bei Saadja selbständig neben einander existiert und möglicherweise im Verlauf der Jahrhunderte je ihre eigene Textgeschichte erlebt haben. Ausserdem ist der Übergang von ואמרת in ואמרתה (5 6a), die Pleneschreibung von אהביך (6 13b) und die Vertauschung des potentialen ואל mit dem objektiv verneinenden ולא (6 8b) sehr begreiflich.

6. (zu S. 91). In einem Artikel über „The external evidence against the Cairene Ecclesiasticus" (The Expository Times, Nov. 1899, p. 90 f.) bemerkt D. S. MARGOLIOUTH: „Der einzige Autor, der das Kairoer Sirachbuch kennt, ist der Verfasser des Sepher ha-galûj. Er teilt uns mit, dass gerade so, wie das Kairoer Sirachbuch, so auch die Rolle von Antiochus durch Judas Makkabäus und seine Brüder verfasst wurde; aber „„keines von diesen Werken wurde mit der religiösen Litteratur der Juden überliefert."" Die Rolle von Antiochus ist nach Mr. ABRAHAMS (Jewish Quarterly Review, Jan. 1899, p. 295) „„anderen mittelalterlichen Kompilationen zu koordinieren"", und nach JELLINEK, dessen Text der Verfasser des Sepher ha-galûj kannte, ist es „„ein spätes Produkt"". Dieses Stück von Evidenz enthält vier Sätze, von denen zwei als handgreifliche Irrtümer anerkannt sind und ein dritter in sich selbst widersprechend ist; warum sollten wir den vierten glauben? Das Sepher ha-galûj *verurteilt* das Kairoer Schriftstück."

Eine Angabe über den Fundort jener Sätze, die MARGOLIOUTH dem Saadja zuschreibt, macht er nicht. Ich habe deshalb das Sepher ha-galûj, das Dr. A. HARKAVY in seinen sehr verdienstlichen „Studien und Mitteilungen aus der Kaiserlichen Öffentlichen Bibliothek zu St. Petersburg", 5. Teil, 1. Heft (1891) arabisch und hebräisch sowie mit hebräischen Anmerkungen herausgegeben hat, erst mehrmals durchlesen müssen, um festzustellen, ob Saadja jene Sätze geäussert hat. Die Sache liegt folgendermassen:

a) Zeitgenossen von Saadja warfen ihm vor, dass er sich Prophetenstellung anmasse (S. 150, Z. 7 f.; 160 15 ff.), weil er Schriftstücke von sich mit Zeichen [der Vokale] und Akzenten versah. Man meinte, dass er die kanonischen Bücher des Alten Testaments nachahmen wolle,

die nach damaliger Meinung[1] bis zum Verstummen der Prophetie entstanden sein sollten. Saadja rechtfertigt sich so, dass er drei Kennzeichen der prophetischen Schriften anführt[2] und nachweist, dass
keines davon in den Schriften des Ben Sira etc. oder in seinen eigenen
Schriften vorkomme. Er sagt (150 8 ff.): „Von der Zeit an, wo die
Prophetie aufhörte, war es die Aufgabe, aus dem zu sammeln, was
sich (9) in einer Zeit als neu darstellte und was zur Erkenntnis hinzukam für die Weisen, (10) die da eine Unterweisung und eine Lehre für
die machten, die nach ihnen kamen, wie wir gefunden haben, (11) dass
Šimᴣon ben Ješûaᴣ ben Elᴣazar ben Sira ein Buch (12) der Unterweisung
(מוסר) verfasste, das dem Buche der Proverbien [Salomos] gleicht in
seinen Abschnitten (פרשיותיו) und Versen, (13) und es machte zu einem
mit Zeichen [der Vokale] und Akzenten versehenen (מסומן ומוטעם), und
wie Eleazar, der Sohn (14) des ᴣIraj, ein Weisheitsbuch verfasste, das
dem Buche Qoheleth gleicht (15) in seiner Ordnung und seinen Versen,
als ein mit Zeichen [der Vokale] und Akzenten versehenes, und wie
(16) die Söhne des Hasmonäers, Juda und Simon und Jochanan (17)
und Eleazar, die Söhne des Mattattias, ein Buch über das schrieben,
was sie betroffen hatte, das gleicht (18) dem Buche Daniel, in der
Sprache der Chaldäer, und in dieser unserer Zeit (19) verfassten die
Leute von Kairwân ein Buch auf Hebräisch aus dem, was sich bei
ihnen fand (20) von Saᴣdi dem Christen, abgeteilt in Verse, versehen
(21) mit Akzenten, und wie ich verfasste, als ich in ᴣArâq [Babylonien]
war, ein Buch (22) auf Hebräisch etc."

b) Wo also steht der Satz „aber keines von diesen Werken etc.",
den MARGOLIOUTH in Anführungszeichen als ein Zitat aus Saadja giebt?
Man erwartet diesen Satz auf S. 150, Z. 18 hinter der Erwähnung des
Buches, das die Söhne des Mattattias verfasst haben sollen. Aber dort
steht jener Satz weder im Arabischen noch im Hebräischen. Man erwartet jenen Satz sodann wieder hinter der Erwähnung des Buches
der Mattattias-Söhne auf S. 162 8. Aber dort steht hinter der Aufzählung der Schriften von Ben Sira, Ben ᴣIraj, der Söhne des Hasmonäers und der Söhne des 'Afrîqa' nur „aber nicht einer von ihnen

---

[1] Vgl. die jüdischen Belege in meiner „Einleitung" S. 447.
[2] Diese drei Kennzeichen sind nicht ohne Interesse und dürfen
deshalb hier mitgeteilt werden: a) das erste von ihnen ist, dass man
die Formeln „und es redete Jahwe" oder „so hat gesagt Jahwe" erwähnt findet, wie es in allen heiligen Schriften der Fall ist, oder „eine
Kenntnis des Geheimnisvollen, wie in den Proverbien und Qoheleth und
der Esther-Rolle." b) Das zweite Kennzeichen besteht darin, dass „es
dem Verfasser des betreffenden Buches klar war, dass er ein Prophet·
war, sei es weil er durch ein Wunder bewährt wurde, oder durch das
Zeugnis eines andern Propheten über ihn." c) Das dritte Kennzeichen
ist dies, „dass die Nation das betreffende Buch unter den heiligen
Schriften sammelte und es in der Tradition (Qᴀbbala) mit ihnen in einer
Einheit überlieferte (מסר)" (162 9—15).

beanspruchte (תבנ) Prophetie", d. h. die Auktorität eines prophetischen
Autors. Wahrscheinlich soll der Satz, den MARGOLIOUTH in Anführungszeichen giebt, als wenn er ihn aus dem vorher erwähnten Sepher ha-
galûj zitiert hätte, in der Bemerkung enthalten sein, dass die Bücher
Ben Sira's und der andern erwähnten Autoren auch von Saadja nicht
zu den „vierundzwanzig heiligen Schriften" (150 7, 162 2) gerechnet
werden, die von Saadja, wie auch von anderen Rabbinen (vgl. die
Zeugnisse in m. Einleitung, S. 457), alle als prophetische angesehen
wurden (162 19 f.). Aber dass das Sirachbuch nicht zu den „vierundzwanzig heiligen Schriften" gezählt wurde, war ja bekannt, und von
diesem Umstand hängt nicht die damalige Existenz des in Rede
stehenden hebräischen Sirachbuches ab. Folglich hat MARGOLIOUTH ganz
mit Unrecht gemeint, dass Saadja dieses hebräische Sirachbuch „ver-
urteile" (condemn) und „lächerlich mache" (ridicule).

c) Ist es aber abgesehen davon wahrscheinlich, dass Saadja selbst
ein Exemplar des hebräischen Sirachbuches gekannt hat? Er sagt „wie
wir gefunden haben (כמא وجدنا, כמו שמצינו), dass Šimson etc. Ben Sira
ein Buch verfasste etc." (150 10). Bei dem nächsten Autor sagt er
bloss „und wie verfasst hat (וכמו שחבר) Eleazar ben ¿Iraj etc." Zitierte
er nun die sieben Stellen aus Ben Sira's Buch, die bei ihm S. 176—178
stehen und oben S. 102 f. aufgezählt sind, direkt aus einem ihm vorliegenden Exemplar, oder entlehnte er sie früheren Gelehrten? Seine
Worte lauten in 176 16—18: „Wie sich die Weisen der Schrift Ben
Sira's bedient und aus ihr Unterweisung und treffliche Worte der Ver-
ständigkeit genommen haben, und ich werde aus ihren Fundamentalsätzen sieben erwähnen." Wenn man nach der hebräischen Übersetzung
מעיקריהם urteilen wollte, so hätte Saadja aus den Fundamentalsätzen
der erwähnten Weisen (החכמים) geschöpft. Aber im arabischen Grund-
text steht واذكر من عيونها, und das Possessivpronomen in ¿ujûnihâ
(substantiae eius) bezieht sich auf die vorhergehenden Substantiva
اداب (Gewöhnung etc.) und اعتبارات (Ermahnungen). Also darnach
braucht Saadja für seine Zitate nicht die Vermittlung jener Weisen
benützt zu haben. Jedenfalls hat er das hebräische Sirachbuch, welches
er entweder selbst direkt verwertet oder als ein von den Vorfahren
benütztes bezeichnet hat, für eine alte Schrift gehalten, wie ja auch,
was MARGOLIOUTH nicht erwähnt, HIERONYMUS vom Sirachbuche sagt,
dass er dessen hebräische Gestalt gefunden habe („hebraicum reperi").
Denn Saadja erwähnt daneben ein litterarisches Produkt, das aus
seiner eigenen Zeit stammte, nämlich das Buch der Leute von Kairwân
(in Tunesien).

d) Aber wenn auch Saadja und vier mohammedanische Schrift-
steller, die MARGOLIOUTH aufzählt (der Verfasser des Kitâb al-Fihrist u. a.)
nichts von der Existenz eines Exemplars des hebräischen Sirachbuches
gewusst haben, so beweist dies nichts gegen diese Existenz. Denn
Klemens Alexandrinus, Eusebius, Athanasius u. a. haben die διδαχή

τῶν ἀποστόλων gekannt, aber vielen christlichen Gelehrten war sie dann aus dem Gesichtskreise gekommen, und mehrere Jahrhunderte lang haben die gelehrtesten Historiker der christlichen Kirche nicht gewusst, dass noch ein Exemplar dieser Schrift vorhanden sei. Da auf einmal fand Bryennios im Jerusalemer Kloster zu Konstantinopel diese Schrift wieder und gab sie 1883 heraus. Derartige Fälle könnten noch mehrere angeführt werden. Folglich konnte, wenn auch nicht dem Saadja, so doch dem Verfasser des Kitâb al-Fihrist u. a. unbekannt sein, dass irgend ein Exemplar des hebräischen Sirachbuches sich noch in einer Synagoge oder ihrer Genîza verborgen halte, und trotzdem konnte dies der Fall sein.

Was über die Korrespondenz von חלק und ἔκτισε etc. 381b oben S. 69—72 bemerkt worden ist, findet auch auf das τίμα 381a Anwendung, das von Lévi in dem am 16. Nov. mir bekannt gewordenen neuesten Heft der Revue des Études Juives, p. 4 betont worden ist. In 381a konnte רעה oder רעי im Sinne von „gern haben, freundschaftlich verkehren (Pv 13 20, 28 7, 29 3), also: achten" gemeint sein und deshalb mit „ehren" wiedergegeben werden. Wenn aber ein jüdischer Rückübersetzer (s. o. p. 68, Anm.) nach dem syrischen und griechischen Wortlaut von 381a den Ausdruck „ehre!" zu übertragen gehabt hätte, so würde er nach aller Wahrscheinlichkeit das bekannte Verb כבד gewählt haben.

Stellenregister.

Die bei den Versen, oder Stichoi stehenden Angaben bezeichnen die Seite und Zeile. — *Kursiv* sind die Zahlen der Seiten und Zeilen gesetzt, wo die betreffende Stelle *hauptsächlich* besprochen ist. — n (= nota) weist auf eine unter der Seite stehende Anmerkung hin.

S. 1, Z. 16 v. u. lies Panaretos; S. 48, Anm. 3 lies μεγαλεῖά σου.